教育環境に対する大学生の満足感

私立大学のキャリア教育を考える

榊原國城・安田恭子・若杉里実 著
Kuniki Sakakibara, Yasuko Yasuda, & Satomi Wakasugi

ナカニシヤ出版

序　文

　同じ大学に入学した学生でも，実際の大学生活に対する満足感は個々に異なるであろう。その満足感と強く関連すると思われる個人のモチベーションは，動因（欲求）と，動因の対象となる誘因との関係によって左右されるものである。大学生にこのプロセスを当てはめれば，多種多様な個人特性，進学目的，生活背景などを持った学生たちの満足感は，それぞれが所属する大学の組織風土，カリキュラムの在り方，大学生活を巡る人的・物理的環境などによって異なる。したがって，大学は，学生のニーズを的確に捉え，学生の意欲を高め，充実した学生生活を実現することに，より多くの努力を注ぐ必要があろう。

　我々は，大学生の大学への満足感について幅広く調査研究を行ってきた。加えて，大学卒業生を対象に，母校の教育効果を振り返り，教育内容の評価を求める調査をも実施した。これらの調査結果を踏まえて，大学が社会と個人とをつなぐ学習の基礎を築く場となるために大切な観点とは何かについて検討してきた。

　その重要な一つが大学におけるキャリア教育の在り方である。キャリアは生涯発達的な観点から捉えられるべきであり，この観点は，様々な側面において急激な進歩や変化を遂げてきた現代社会における必然的な考え方と言えよう。すなわち，現代に生きる大学生は，自らの生き方や進路の決定の際，従来以上に自らの意思や価値観に従って決定することを求められている。

　一方，現代の大学生のなかには自己決定に困難を感ずる者が少なからず存在しているというのが大学教育の現場にいる我々の実感である。したがって，大学における教育の在り方は，単に「知的，道徳的及び応用的能力を展開させること（学校教育法83条）」に留まらず，早期キャリア支援，教育の質的保障，社会人基礎力の養成などを視座に置いて再考される必要があろう。

2014年11月　著者一同

目　次

序　文　*i*

序　章　大学をめぐる環境変化と私立大学の役割 ……………… 1
　　1．大学の大衆化　1
　　2．大学進学動機と大学の機能　2
　　3．私立大学教育への期待　3

第1章　大学教育とキャリア発達 ……………………………………… 5
　　1．高等教育の中核としての大学　5
　　2．キャリア発達　6
　　3．大学におけるキャリア教育　7
　　4．私立大学の独自性と大学教育　9

第2章　学生生活への満足感の構造 ……………………………… 11
　　1．研究の問題および目的　11
　　2．方　　法　13
　　3．結　　果　15
　　4．考　　察　20

第3章　大学の教育・指導体制と大学生活への満足感 ………… 23
　　1．研究の問題および目的　23
　　2．方　　法　23
　　3．結　　果　25
　　4．考　　察　31

第4章　卒業生の大学教育内容への満足感とキャリア発達 …… 35
　　1．研究の問題および目的　35
　　2．方　　法　36
　　3．結　　果　37
　　4．考　　察　42

第5章　卒業生に映った母校の大学像 ………………………… 47
　　1．研究の問題および目的　47
　　2．方　　法　48
　　3．結　　果　49
　　4．考　　察　57

第6章　職務遂行能力の形成と育成 …………………………… 61
　　1．組織における能力　61
　　2．職務遂行能力の分析　62
　　3．職務遂行能力育成過程　69
　　4．今後の研究への期待　77

終　章　大学と社会とをつなぐ教育 …………………………… 79

謝　辞　83
引用・参考文献　85
初出一覧　91
索　引　93

序章　大学をめぐる環境変化と私立大学の役割

1．大学の大衆化

　平成3（1991）年に大学教育の「基本的な枠組みを定めている大学設置基準などの諸基準」が大綱化，簡素化された。これにより，各大学の特色がより一層発揮されやすい状況が訪れ「高等教育の個性化・多様化」が促進されるとともに（文部省，1991），大学の総数は増加し続け，平成26（2014）年現在，国公私立大学を含め781大学に至っている。それに伴って，大学在籍者数および大学進学者数も増加している。
　また，大学の進学率は大学設置基準の大綱化に伴って急増している。日本の高度経済成長期の幕開きとなった神武景気がスタートした頃の1955年度における大学進学率は7.9％であり，大学は僅かなエリートが行く場所であった。しかし，その後約60年を経た現在では，大学が大衆化し，多様な学生が大学に進学している。「大学全入時代」と言われるように，過年度卒業者を含む，日本の大学進学率は，2009年度に初めて50％を超え，2014年度では過去最高の51.5％に達している（文部科学省，2014a）。
　注目すべきは，2014年度の大学在籍者のうち，私立大学在籍者が73.4％を占めていることである（文部科学省，2014b）。すなわち，全国の大学進学を希望している高校生の多くが，私立大学に入学している。言い換えれば，大学進学を希望している生徒たちの大きな受け皿として私立大学が果たす役割は非常に大きく，私立大学が大学全入時代を支えているといっても過言ではない。

2．大学進学動機と大学の機能

　柳井・清水・前川・鈴木（1989）が実施した高校2年生9万906名を対象にした進路に関する調査結果によれば，「大学の進学理由としては，『専門的知識の取得』『就職に有利な条件の取得』『広い教養を身につける』『高い学歴を身につける』『人間関係を広める』『自分の適性を発見し伸ばす』」などの比率が高く，とくに男子生徒は「高学歴」「就職条件」のような「現実的条件」を重視し，女子生徒は「幅広い教養」「人間関係を広める」「適性の発見」などの「本人の人格形成に役立つ要因」を重視していることが報告されている。さらに，古市（1993）の地方国立大学に在籍する1・2年生1,103名を対象とした大学進学動機に関する調査結果によれば，「無目的・同調」「享楽志向」「勉学志向」「資格・就職志向」の4つが大学進学動機として示された。とりわけ，「資格・就職志向」「勉学志向」「享楽志向」が強く働いていることが明らかにされた。さらに，大学進学動機を6つの志向パターンに分類し，2002年から2007年の変化を見た「全国4年制大学学生満足度調査」による結果からは，大学の進学動機の選択率として最も伸びが大きかったのは「学歴・実利追求志向」であり，次いで「幅広い教養の修得」「免許・資格の取得」であった（ベネッセ教育総合研究所，2007）。加えて，堀口（2011）によれば，平成生まれの大学生は，「学校」を「勉強よりも大切なものがある」「学校で学べないものがある」などと主張する傾向があることを指摘するが，現在の大学は，親の世代よりもキャリア教育や社会人基礎力などに関連した学びもできるように進化していることを指摘している。さらに，杉山・二宮（2013）による最近の研究によれば，大学進学理由として，「将来のために資格や免許を取得したい」「学生生活を楽しみたい」「専門的な知識や技術を身につけたい」「幅広い教養を身につけたい」「安定した職業に就くためには学歴が必要」「専攻する学問を研究したい」「すぐに社会にでるのが不安だから，とりあえず進学する」などが挙げられている。

　これらの研究を比較検討してみると，高校生の大学進学理由として，将来展望を念頭に置いた進学理由と将来展望とは比較的無関係な進学理由との二つに大別できるだろう。しかし，1990年代から最近に至るまでの時期の間に大学

進学率の増加に伴って，大学進学理由が大きな変動を示したという明らかな証拠を見出すことはできない。

他方，社会経済的条件の変化，グローバル化の進展および社会全体の価値観の変容などが相まって，より柔軟な生き方を求める若者たち，あるいはより多様な生き方を求める若者たちが増えている。このような状況のなか，これらの若者たちの多くが大学へ進学してきているのであれば，大学に求められる機能も変遷せざるを得ないと言えるであろう。

3．私立大学教育への期待

広辞苑（第6版）では，生徒とは「学校などで教育を受ける者。とくに中等学校で教育を受ける者」，学生とは「学業を修める者。とくに大学で学ぶ者」と記載されている。加えて，学校教育法第83条によれば，「大学は，学術の中心として，広く知識を授けるとともに，深く専門の学芸を教授研究し，知的，道徳的及び応用的能力を展開させることを目的とする」と明言されている（総務省，2001）。したがって，大学生には能動的かつ専門的，応用的な学修を展開することが期待されていると言えよう。

平成20（2008）年には,中央教育審議会から「学士課程教育の構築に向けて」が答申され，大学に対して，学士力（課題探求や問題解決等の諸能力）の養成，初年次教育，教職員の職能開発（FD）の充実化など，教育の質保証のための「仕組みの強化」を求めている（文部科学省，2008a）。とくに，私立大学は固有の建学の精神を持ち，自律的な教育機関として活動を続けることに大きな意味があり，私立大学には教育改善と発展により，「自立して教養の高い構成員」を社会に送り出す機能の一端を担うという期待が寄せられている。これらの期待に応えるための方向性の一つとして，我々は本書において，社会人になった以後においても役立ちうる広い視野で考えることができる基盤作り,すなわち，モラトリアムの時期にあたる大学在学期間の学びと経験について，とくに私立大学の教育がどうあるべきかを考察する。

第1章　大学教育とキャリア発達

1．高等教育の中核としての大学

　日本における高等教育は高度職業教育から始まった。明治初期に設置された我が国の高等教育機関は政府の官僚養成と密接に結びついたものであり，医学校，法学校，工部大学校，農学校などがあった（金子，2007）。その後，明治19（1886）年に学術研究機関としての機能をも含む高等教育機関が，帝国大学として東京府に発足した。さらに11年後の明治30（1897）年に帝国大学は東京帝国大学に改称され，京都府に新たに京都帝国大学が設置された。

　金子（2007）によれば，日本の大学教育は，ベルリン大学創始者の一人であるフンボルトの理念からの影響が強く，大学の教員には研究者であることが求められている。そのため，日本の大学教育は，教員が講義を通して研究の成果を学生に伝える形式で構成されている。学生は，講義を参考にして，専門知識や思考方法などを習得する。

　序章においても触れたように，学校教育法第83条によれば，「大学は，学術の中心として，広く知識を授けるとともに，深く専門の学芸を教授研究し，知的，道徳的及び応用的能力を展開させることを目的とする」と大学の目的が述べられており，そしてさらにその第2項として，「大学は，その目的を実現するための教育研究を行い，その成果を広く社会に提供することにより，社会の発展に寄与するものとする」と大学の社会的役割が明示されている（総務省，2001）。

　加えて，平成17（2005）年に答申された「我が国の高等教育の将来像」（文部科学省，2005）によれば，21世紀における高等教育機関の教育・研究の質

の向上に関する考え方として,「大学は,学術の中心として深く真理を探求し,専門の学芸を教授研究することを本質とするものであり,その活動を十全に保障するため,伝統的に一定の自主性・自律性が承認されていることが基本的な特質である。このような特質を持つ大学は,今後の知識基盤社会において,公共的役割を担っており,その社会的責任を深く自覚する必要がある」と記されている。すなわち,大学は高等教育の中核をなすものであり,一定の自主性・自律性に基づいて,教育および研究の両側面で高い質を保持することがこれまで以上に求められている。

2. キャリア発達

　キャリア（career）には,大別して二つの意味がある。一つは,いわゆる「進路」や「職業」という意味,もう一つは「生涯の生き方」という意味である（宮下,2010）。たとえば,ホール（Hall, D. T., 1976）は,キャリアを「①昇進・昇格（advancement）の累積としてのキャリア,②専門職業（profession）としてのキャリア,③生涯を通した一連の仕事としてのキャリア,④生涯を通じた様々な役割経験としてのキャリア」に分類している。また,渡辺（2007）は,キャリアの概念に不可欠な要素として,「人と環境との相互作用の結果」「時間的流れ」「空間的広がり」「個別性」の四つを挙げている。その中でも,「自立性・主体性の高い働き方」「自己決定・自己選択のできる働き方」などを含む「個別性」を重要な要素であると強調している。

　益田（2011）は「キャリア発達（career development）ということばは,（中略）『人間の生涯の心理的（潜在的）な可能性に注目する』という重要な視点を含んだものと考えられる」と述べている。またさらに,益田（2011）によれば,「スーパー（Super, D. E.）は,エリクソン（Erikson, E. H.）などの生涯発達モデルをもとに,5段階からなるライフ・ステージ論を提唱した。その5段階とは,①成長期（〜14歳ごろまで）,②探索期（14〜25歳ごろまで）,③確立期（25〜45歳ごろまで）,④維持期（45歳〜65歳ごろまで）,⑤下降期または解放期（65歳〜）」である。

　また,スーパーは,「キャリアを『人生のそれぞれの時期で果たす役割の組

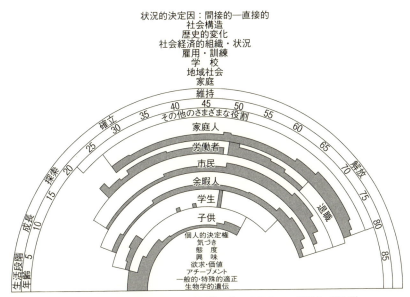

図1-1　ライフ・キャリア・レインボー（Nevill & Super, 1986を一部改訂）

合せである』と定義し，ライフ・キャリア・レインボー」を図示した（図1-1）。益田（2011）は，「ライフ・キャリア・レインボーは，半円の同心円の中心に心理学的・生物学的な個人的決定要因を置き，円周側に歴史的・社会的な環境的決定要因をおく。そして，同心円上に家族・労働者・市民などの様々な人生役割を配置し，半円の時計周りの方向に時系列的なキャリアの発達段階を示している」と解説している。スーパーが提唱する「ライフ・キャリア・レインボー」のモデルを踏まえて「社会認識と自己認識を結合させて自己を方向付け」「自分らしい生き方を展望し実現していく」ことが重要であると言えよう（文部科学省，2011）。

3．大学におけるキャリア教育

　平成10（1998）年に答申された「21世紀の大学像と今後の改革方針について―競争的環境の中で個性が輝く大学―」では，21世紀における大学教育の在り方について方向性が示された。この答申を受けて，「社会をリードし社会

の発展を支えていくという重要な役割を担う大学等が，知識の量だけではなくより幅広い視点から『知』を総合的に捉え直していくとともに，知的活動の一層の強化のための高等教育の構造改革を進めることが強く求められる時代―『知』の再構築が求められる時代―となっていくものと考えられる」と文部科学省は時代の変化に柔軟に対応できる大学像を描いている（文部省，1998）。同答申はまた「社会の高度化・複雑化等が進む中で，『主体的に変化に対応し，自ら将来の課題を探求し，その課題に対して幅広い視野から柔軟かつ総合的な判断を下すことのできる力』（課題探求能力）の育成が重要であるという観点に立ち，『学問のすそのを広げ，様々な角度から物事を見ることができる能力や，自主的・総合的に考え，的確に判断する能力，豊かな人間性を養い，自分の知識や人生を社会との関係で位置付けることのできる人材を育てる』という教養教育の理念・目標の実現のため，授業方法やカリキュラム等の一層の工夫・改善，全教員の意識改革と全学的な実施・運営体制を整備する必要がある」と課題探求能力の育成の観点から各大学の工夫・改善を求めている。

　平成11（1999）年の中央教育審議会答申から初めてキャリア教育という言葉が使用されるようになった（文部科学省国立教育政策研究所生徒指導・進路指導研究センター，2014）。この答申に基づいて，文部科学省は「キャリア教育（望ましい職業観・勤労観及び職業に関する知識や技能を身に付けさせるとともに，自己の個性を理解し，主体的に進路を選択する能力・態度を育てる教育）を小学校段階から発達段階に応じて実施する必要がある」という方向性を示した。

　その後，平成16（2004）年1月に公表された「キャリア教育の推進に関する総合的調査研究協力者会議報告書」（文部科学省，2004）は，キャリア教育が求められる背景として以下の二つを挙げている。一つは「経済のグローバル化に伴う激しい競争，合理化などに象徴される就職・就業をめぐる環境の激変」であり，もう一つは「子どもたちの成長・発達について，身体的早熟傾向がある反面，精神的・社会的自立が遅れる傾向」についてである。これらの理由については，「幼少期から様々な直接体験の機会や異年齢者との交流の場が乏しくなったこと」「豊かで成熟した社会では人々の価値観や生き方が多様化していること」などが原因として説明されている。加えて，高等教育機関への進学

率が高まった反面、職業に関する選択・決定を先延ばしする傾向、すなわちモラトリアム傾向が強くなり、進路意識や目的意識が希薄なまま「とりあえず」進学したりする若者も増加している。

以上を要約すれば、文部科学省のキャリア教育の基本方向は、「『働くこと』への関心・意欲の高揚と学習意欲の向上」「一人一人のキャリア発達への支援」「社会人・職業人としての資質・能力を高める指導の充実」「自立意識の涵養と豊かな人間性の育成」の四つにある。

平成22（2010）年の中央教育審議会大学分科会報告（今後の学校におけるキャリア教育・職業教育の在り方について〈第二次審議経過報告〉）においては、キャリア教育を平成16年に公表された報告書（文部科学省中央教育審議会大学分科会制度・教育部会、2008）と同様に定義している。今後のキャリア教育の在り方について、高校・大学の高等教育においては、社会への移行前の段階であるため、教育課程内外にわたり、職業指導の実施を明確にし、キャリアセンターなどによる、職業・就業に関する情報の提供や相談体制など、大学において組織的かつ計画的な取り組みを行う必要性、機能の重要性が唱えられている。

4．私立大学の独自性と大学教育

平成20（2008）年1月の「高等学校と大学との接続の改善に関するワーキンググループ」の「議論のまとめ」を踏まえつつ、文部科学省は、同年3月の「学士課程教育の構築に向けて（審議のまとめ）」で高等教育の役割および方向性を公表した。その後、同年12月の「学士課程教育の構築に向けて（答申）」で「『21世紀型市民』を幅広く育成する」「学士の水準の維持・向上のため、教育の中身の充実を図る」「職業人としての基礎能力の育成」などの問題意識を示した（文科省、2008b）。したがって、現在は、若者を社会へと送り出す最後の機関として大学の責任が大きく問われるようになった。

前述の大学審議会答申（文部省、1998）において、私立大学には「それぞれの建学の精神にのっとった自主的な運営」による社会の多様なニーズへの対応や特色ある教育研究の実施が期待されている。すなわち、私立大学は固有の建学の精神に基づいた独自の教育を展開する自律的な教育機関として教育研究を

続けることに大きな期待が寄せられている。また，建学の精神に基づく教育の実施によって「多様性に富んだ個性豊かな優れた人材を育成」し，社会の発展に資する人材の輩出も期待されている。

　私立大学に通う学生は，全学生の73.4％にあたる（文部科学省，2014b）。一方，各大学は生き残りをかけ，学生の獲得に懸命である。すなわち，各大学は，入学定員確保に向けて，就職支援の充実，研究成果の応用やその社会への還元，教育環境の改善など，受験生にアピールする大学の魅力を創造することを視野に入れ，独自の展開を試みている。

　我が国の大学生の7割を超える大学生が通う私立大学の在り方に言及することは，私立大学の独自性が多様な大学教育の在り方を可能にし，さらに，単なる知識・技能・技術の習得のみならず，全人格的な発展の礎を築く大学教育の基本的特性について議論する場をより広げることに他ならない。

第2章　学生生活への満足感の構造

1．研究の問題および目的

（1）青年期と大学生活

　大学進学者にとって，志望大学の決定はまさに生き方選択の一契機である。ある選択の裏にはそれ以外の可能性を捨て去る作業があり，生徒たちにとってこの期間は，現実と理想の狭間で揺れ動く迷いと葛藤の時期である（伊藤，1995）。すなわち，進路選択は人生を左右しうる重要な選択であり，その後の人生に大きな影響を及ぼす。入学後大学生は大学生活を通して，社会人として必要な能力，態度，意識などを身につけ，さらなる進路選択あるいは職業選択を行うのである。

　また，大学生の大半を占める，青年期にある学生としての4年間は，「自分は何者か」「自分の人生の目的は何か」「自分の存在意義は何か」などの課題に対して自問自答を繰り返し，アイデンティティの確立を目指す時期であり，大学生活を通して，社会と自分とをつなぐ学習の基礎を築く時期でもある。この時期を主体的に行動し，実りある経験を積み重ねていくために，青年期をどのような環境で過ごすかは，学生にとって極めて重要な課題でもある。一方，学生の成長への動機づけをいかに高めるかが教育者の視点としては重要である（安田・若杉・榊原，2007）。

（2）大学生活への満足感

　ところで，果たして学生たちは自分が大学生であることに満足しているのであろうか？　既に述べたように大学への進学動機が多岐にわたっていることを

考慮すると，大学生活への満足感に及ぼす影響要因も様々である。我々の研究は，大学生活への満足感を教育環境と対人関係の両面から測定し，大学生活への満足感が何によって規定されているのかを包括的に説明するモデルを呈示して，そのモデルから導き出される大学教育の在り方について考察することからスタートした。

ブロンフェンブレンナー（Bronfenbrenner, U., 1992）は，「個体の発達プロセスはたえず変化する家庭―社会―文化―歴史的環境の中で把握すべきであることを主張」し，「生態学的環境」を「4水準microsystem, mesosystem, exosystem, macrosystemからなるシステム」として捉えている（上田, 2005）。この「生態学的環境」は広義の教育環境といってよいであろうが，松田（1993）は，教育環境は専門的な概念として確立していないとしつつも「身体的および精神的な発達に影響を及ぼす外的条件となる環境」と一般的な説明を試みている。そこで，我々は，松田（1993）に倣い，大学における学習環境そのものを大学生の「教育環境」と捉える。

他方，大学生の対人関係に関して，梅本（1992）は，友人関係の充実が大学生活に対するイメージの肯定感を増加させていると述べている。また，鈴木・寺嵜・金光（1998）は，友人関係への期待と友人関係への満足，自尊心および肯定感情との相関特性に関する調査によって，友人関係への期待は友人関係への満足感を高め，友人関係への満足感は自尊心と肯定感情を高めることを明らかにし，友人関係への期待を高めることによって心理的適応が高まる可能性を示唆した。したがって，学生生活への満足感に影響を及ぼす対人関係の充足は，必要不可欠な要因の一つであると思われる。

上記の研究に基づけば，大学生活への満足感について検討するためには，対人関係と教育環境の両側面からの検討が必要であり，対人関係と教育環境の両側面における満足感の充足が学生生活への満足感へとつながり，大学生としてのQOLが向上することが推測される。

大学生は，大学入学以前の大学生活（学生生活）への期待やイメージと入学後の意識との間にギャップが存在するのではないか。そしてそのギャップが大学生の学生生活への満足感に影響を及ぼしているのではないか。

広辞苑（第6版）によれば，満足感は「望みが満ち足りて不平のない感じ」

と定義され,「期待」は,吉岡（2001）の「理想」とほぼ同義の概念として定義されるであろう。吉岡（2001）は,「理想とは,一般的に『こうありたいと心に描き求める最善の状態』を指し,『行動の目的となって現実に意味を与えるもの』」と述べている。すなわち,我々は,大学入学以前の期待やイメージと入学後の意識との差異が小さいほど満足感が高い状態を示し,逆に差異が大きいほど満足感が低いと操作的に定義する。

　大学生の学生生活に関する実態調査は数多くみられるが（片倉・土田,1993；石本・伊藤・桂・神谷・鈴木,1995；高倉・新屋・平良,1995等),大学生の学生生活,たとえば,キャンパス環境や学生生活支援態勢などを含めた包括的な学生生活への満足感に影響を及ぼす要因について理論的に構造化した研究は,さほど多くはないと推測される。

　1960年代頃より産業・組織心理学において職務満足感とストレスとの関連について検討が行われ始めた。米国ミシガン大学の社会研究所（ISR：The Institute for Social Research）では,個人的側面（P：価値観など）と,その置かれた仕事環境（E：職業,組織,職務など）とが「適合（P-E fit；Person-Environment fit)」しているか否かが,職務満足感などの職務態度や,心理的ストレス反応（うつ傾向など）などのストレス反応を規定するという想定に基づいた研究が行われ,「個人-環境適合モデル（P-E fit model)」が提唱された（French, Rodgers, & Cobb, 1974）。

　我々も同様に,個人-環境における適合性について検討する。そのために,対人関係をはじめとする個人的側面に関する面から,カリキュラム,制度,施設などの教育環境に関する面に至る大学生の全般的な満足感に影響を与えている要因を探り,最終的には,その結果をもとに,二次的因子分析を行い共分散構造分析によってモデル化することを試みた。

2. 方　法

(1) 質問紙調査概要

　我々は,大学生を対象に質問紙調査を実施し,その回答を分析するという方法を採った。質問紙調査票の作成に先立ち,「大学生活の満足感に影響を与え

ている要因は何か」について愛知淑徳大学学生7名による自由討議を行った。その後，自由討議内容と大学への進学を決定する志望動機に関する渕上の研究（1984ab）などの先行研究を参考に「大学生活における満足感に関する調査」と題する18領域・118項目（講義内容，カリキュラム，成績評価，制度，環境，課外活動，友人，自由等）の質問紙調査票を作成した（以後，「大学生活の満足感調査」と略称する）。質問内容は，大学入学前の大学生活への期待やイメージと現時点の意識との差異および現在の大学生活への満足感やニーズの2種類である。前者の質問については，1：非常に期待外れである～4：どちらでもない～7：非常に期待通りであるの7段階評定尺度により回答を求めた。後者の質問については，1：非常に当てはまらない～4：どちらでもない～7：非常に当てはまるの7段階評定尺度によって回答を得た。調査実施時期は2003年11月下旬から12月上旬であり，愛知淑徳大学学生475名を対象に，講義時間を利用して質問紙を配布し，回答を求めた直後に回収を行う集合調査法の手続きを用いた（男性96名，女性379名，平均年齢20.3歳，$SD = 2.2$）。

（2）解析方法

「大学入学以前の大学に対する期待やイメージと現時点の意識との差異」に関する8領域61項目を用いて，天井効果のみられた1項目を除外し，因子分析（主因子法，プロマックス回転）を実施した。また，共分散構造分析において，因子分析によって得られた因子の間に仮定する潜在変数を決定するために，因子得点を用いて二次的因子分析を行った。次に，「現在の大学生活の満足感やニーズ」に関する10領域・57項目の中から，「大学生であることに満足している」「現在所属している学部に満足している」の2項目を，それぞれ「学生満足感」と「学部満足感」という観測変数とし，「全体的満足感」という潜在変数を仮定した。その後，大学生の学生生活満足感に関する複数の共分散構造モデルを作成した。また，因子分析によって得られた因子については，各々の因子に高く負荷した項目の単純加算平均を合成得点として算出し，その値を共分散構造分析で用いた。

3. 結　果

（1）因子分析結果

　入学前の大学生活に対する期待やイメージと現時点の意識との差異に関する8領域・61項目について因子分析を行ったところ，固有値の減衰状況および解釈可能性を考慮して，5因子解が妥当であると判断した（表2-1）。

　抽出された5因子のうち，第Ⅰ因子に最も高い因子負荷量を示し，その値が.40以上であった項目は「同学年同士の付き合いができる」「親しい友人ができる」「生き方・人生観等について相談できる人が増える」「学年を超えた付き合いができる」「ゼミの仲間とは親しくなることができる」「同好会・サークル・部活動を通して友人ができる」の6項目であった。これらの項目に共通する内容は，学生間の友好関係を示すため，第Ⅰ因子を「友人」と名付けた。次に，第Ⅱ因子に最も高い因子負荷量を示し，その値が.40以上であった項目は，「行動範囲が大きく広がる」「自分の好きな服装・髪型等をすることができる」「夏期や冬期の休暇を利用して自由に旅行ができる」「自由である」「自主性が重んじられている」「帰宅が遅くても許される」「お酒を飲む機会が多い」の7項目であった。これらの項目に共通する内容は，学生に与えられた自由な時間および行動範囲を示すため，第Ⅱ因子を「自由」と名付けた。第Ⅲ因子に最も高い因子負荷量を示し，その値が.40以上であった項目は「興味のあるカリキュラムが組まれている」「専門性の高い講義が行われている」「興味のあることを中心に勉強を展開することができる」「専門性の高い講義が必要である」「授業を好きなように組むことができる」「実践的な講義が行われている」の6項目であった。これらの項目に共通する内容は，大学で行われるカリキュラムおよび講義に関する内容を示すため，「講義内容」と名付けた。第Ⅳ因子に最も高い因子負荷量を示し，その値が.40以上であった項目は，「インターンシップの制度が整っている」「留学制度が整っている」「資格取得のできる制度が整っている」「学生相談室があるので悩みを打ち明けやすい環境が整っている」「進路支援サービス（就職・進学）が整っている」「大学院に進学することができる制度が整っている」の6項目であった。これらの項目に共通する内容は，進路支

第2章 学生生活への満足感の構造

表2-1 大学生活に関する満足感尺度の因子分析結果（主因子法，プロマックス回転）

質問項目	I	II	III	IV	V
同学年同士の付き合いができる	.75	.05	.01	-.08	.05
親しい友人ができる	.65	.00	-.07	.01	.02
生き方・人生観等について相談できる人が増える	.58	.03	.07	.08	-.07
学年を超えた付き合いができる	.54	-.03	-.01	-.02	.02
ゼミの仲間とは親しくなることができる	.43	.15	.07	.03	.05
同好会・サークル・部活動を通して友人ができる	.41	.05	.09	.13	-.12
行動範囲が大きく広がる	.24	.68	-.09	-.10	.00
自分の好きな服装・髪型等をすることができる	-.09	.59	-.01	.08	.04
夏期や冬期の休暇を利用して自由に旅行ができる	-.15	.58	.03	.12	-.02
自由である	-.02	.54	.15	-.12	.08
自主性が重んじられている	.08	.49	.14	.07	-.17
帰宅が遅くても許される	.10	.45	-.16	-.02	.03
お酒を飲む機会が多い	.17	.42	-.06	-.06	.05
興味のあるカリキュラムが組まれている	-.07	-.05	.73	-.06	.09
専門性の高い講義が行われている	.12	-.05	.66	-.06	.06
興味のあることを中心に勉強を展開することができる	.05	.05	.59	.02	-.01
専門性の高い講義が必要である	.02	.04	.57	.06	-.06
授業を好きなように組むことができる	-.16	.12	.45	.04	-.04
実践的な講義が行われている	.20	-.18	.43	-.01	.00
インターンシップの制度が整っている	.08	.03	-.06	.68	-.01
留学制度が整っている	.11	-.14	.09	.58	-.03
資格取得のできる制度が整っている	-.16	.08	.04	.55	.01
学生相談室があるので悩みを打ち明けやすい環境が整っている	.10	-.15	-.08	.53	.08
進路支援サービス（就職・進学）が整っている	-.06	.09	.05	.50	-.01
大学院に進学することができる制度が整っている	.01	.08	-.05	.41	.12
購買等で売っているものの種類が多い	.06	-.01	.01	.08	.59
学食で食べられるメニューが多い	.08	-.06	.00	-.04	.58
夜遅くまで滞在することができる	-.15	.08	.11	-.05	.55
学食が安く食べられる	.06	.05	-.11	.04	.48
キャンパスが広い	.09	-.02	.04	.03	.45
学食が長い時間営業している	-.13	.09	.03	.10	.44
固有値	5.30	2.71	2.14	1.88	1.76
二乗和	2.30	2.22	2.17	1.92	1.73
寄与率	7.41	7.15	7.01	6.19	5.58
因子間相関	1.00	.42	.33	.22	.05

援などに関するサービスを示すため，「サポート制度」と名付けた．最後に，第Ⅴ因子に最も高い因子負荷量を示し，その値が.40以上であった項目は，「購

表2-2 各尺度の平均値と標準偏差

尺度	N	Mean	SD
友人	472	4.40	1.04
自由	472	5.12	0.90
講義内容	470	4.37	1.06
サポート制度	470	3.83	0.86
学食・購買	474	3.55	0.96

買等で売っているものの種類が多い」「学食で食べられるメニューが多い」「夜遅くまで滞在することができる」「学食が安く食べられる」「キャンパスが広い」「学食が長い時間営業している」の6項目であった。これらの項目に共通する内容は,学食や購買を中心とする,学生に対するサービスを示すため,「学食・購買」と名付けた。上記5因子に基づく因子尺度の信頼性係数 (α) は,「友人」=.77,「自由」=.75,「講義内容」=.74,「サポート制度」=.72,「学食・購買」=.69であった。また,諸尺度の度数 (N),平均値 ($Mean$) および標準偏差 (SD) を表2-2に示した。

(2) 重回帰分析結果

「現在所属する学部に満足している」および「大学生であることに満足している」の2項目をそれぞれ従属変数とし,抽出された5因子を独立変数とする重回帰分析(ステップワイズ法,投入する基準$p<.05$,除去する基準$p<.10$)を行った。表2-3および表2-4には,それぞれ回帰係数 (B) などを示した。

表2-3 学部満足感に関する重回帰分析結果

説明変数	B	β	t
講義内容	.74	.48	11.39***
サポート制度	.27	.14	3.47***
友人	.14	.09	2.11*
R	.57		
R^2	.33		
調整済みR^2	.32	($F=73.69$***)	

$p<.05$*, $p<.001$***

表2-4 学生満足感に関する重回帰分析結果

説明変数	B	β	t
自由	.48	.29	6.05***
友人	.19	.13	2.72**
講義内容	.15	.11	2.34*
R	.41		
R^2	.17		
調整済みR^2	.17	(F=30.84***)	

$p<.05$*, $p<.01$**, $p<.001$***

(3) 二次的因子分析結果(潜在変数の設定)

先に述べた因子分析によって抽出された5因子について,因子得点を用いて二次的因子分析(主因子法,プロマックス回転)を行った。その結果,固有値の減衰状況および解釈可能性を考慮し固有値.40以上の二次的因子を2つ抽出した(表2-5)。

第Ⅰ二次的因子に最も高い因子負荷量を示し,その値が.40以上であった因子は,「友人」(因子負荷量=.80),「自由」(因子負荷量=.66)の2因子であった。これらの因子に共通するのは,学生生活に喜び・楽しみを与えてくれる内容のため「享受」と名付けた。第Ⅱ二次的因子に最も高い因子負荷量を示し,その値が.40以上であった因子は,「サポート制度」(因子負荷量=.66),「学食・購買」(因子負荷量=.56)であった。これらの因子に共通する内容は,学生生活に対するサービス一般なので「便益」と名付けた。なお,「講義内容」については,第Ⅰ因子に因子負荷量が.47あったものの,第Ⅱ因子にも.24の因子負

表2-5 大学生の大学生活に関する満足感の二次的因子分析結果

尺度	Ⅰ	Ⅱ
友人	.80	-.08
自由	.66	-.11
サポート制度	.13	.66
学食・購買	-.16	.56
講義内容	.47	.24
固有値	2.22	1.07
因子寄与	1.57	1.23

荷量があり，両因子に関係する割合が高く，解釈可能性を考慮すると独立した因子として扱う方が了解可能性が高いと判断し，「学問」と名付けた。したがって，共分散構造分析においては，「享受」「便益」「学問」の3潜在変数を仮定することとした。また，「享受」「便益」「学問」の3潜在変数を統括する潜在変数として「全体的満足感」を仮定した。

（4）共分散構造分析

二次的因子分析の結果を考慮し，大学生の学生生活満足感に関する複数の共分散構造分析モデルを作成した。適合度，論理的妥当性，解釈可能性を考慮しながら，使用される変数およびパスの関係性を変化させ，最終的に4つの潜在変数を持つ多重指標モデルを採用した（図2-1）。採用された多重指標モデルの適合度は，$GFI=0.97$，$AGFI=0.92$，$AIC=89.03$であった。したがって，このモデルの適合度はすべての統計量において基準を満たし，作成された大学生の学生生活満足感に関する多重指標モデルの適合性の高さが示された。

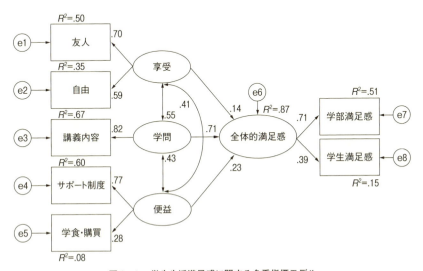

図2-1　学生生活満足感に関する多重指標モデル

4．考　察

　生活満足感に関して，学校・教育領域においては，たとえば，教師との関係などの「人間関係」や授業内容などの「学業」に関する満足感と不安や抑うつ感などの精神的健康状態との関連を明らかにした研究が報告されている（高倉・新屋・平良，1995）。しかしながら，French, Rodgers, & Cobb (1974) の「個人－環境適合モデル」のような個人的側面と教育環境の両側面に着目した研究は乏しく，本研究の研究意義および目的は，個人的側面と教育環境の両側面に着目し，包括的な視座から，「満足感」に影響を及ぼしている要因について理論的に構造化することであった。対人関係などの個人的側面に関するいわゆるソフト面から，カリキュラム，制度，施設などの教育環境に関するハード面に及ぶ大学生活全般における大学生の全般的な満足感に影響を与えている要因について検討を行った。大学入学以前の大学に対する期待やイメージと比較したギャップに関して因子分析が行われた結果，「友人」「自由」「講義内容」「サポート制度」「学食・購買」の5因子が抽出された。さらに，重回帰分析の結果からは，学部に関する満足感に対して，「講義内容」「サポート制度」「友人」の3因子が影響を及ぼし，大学生であることに関する満足感に対しては，「自由」「友人」「講義内容」の3因子が影響を及ぼしていた。上記の因子のなかで，とりわけ強く影響を及ぼしていたのは，学部に関する満足感については「講義内容」であり，大学生であることに関する満足感については「自由」であった。この結果からは，大学生の満足感は多面的な側面を持つことが示唆され，個人的側面と教育環境の両側面に着目することが重要であることが明らかになった。しかし，学部に関する満足感と大学生であることへの満足感とでは，構造的要因が異なるため，包括的なモデルの確立を目指し，共分散構造分析による分析を試みた。

　二次的因子分析の結果より，抽出された5因子間のまとまりについては，「友人」と「自由」の2因子が第Ⅰ二次的因子を構成し，「サポート制度」および「学食・購買」の2因子が第Ⅱ二次的因子を構成した。前者は対人関係などを通して学生生活に喜び・楽しみを与えてくれる「享受」を象徴し，後者は教育環境

等の学生生活サービスを象徴する「便益」であると考えられた。したがって，大学生の大学生活に関する満足感には，対人関係と教育環境という大学生活における「享受」と「便益」の両側面が影響を与えていることが推測できる。この推測に関し，共分散構造分析の結果より，「享受」は，「友人」および「自由」に対して大きな影響を与えており，とりわけ「友人」への影響は「自由」への影響よりも強いものであることが判明した。したがって，学生生活に喜び・楽しみをもたらす「享受」に関しては従来の多くの先行研究の知見（梅本, 1992；鈴木ほか，1998；吉岡，2001；Rode et al., 2005）に類似する結果が得られ，「友人」という要因が満足感の向上のために，より重要な因子であることが改めて確認された。また，「講義内容」に対して「学問」の影響力が大きく説明力も高いことが明らかとなった。これは，大学という組織を特徴づける概念として，「講義内容」と関連の深い「学問」という潜在変数を想定する必要性を改めて示唆している。さらに，「学問」「享受」「便益」の三つの潜在変数の間では，「学問」がもう一つの潜在変数である「全体的満足感」に及ぼす影響力が特に大きいことが判明した。つまり，大学生活を通して，進路（職業）選択を行い，アイデンティティを確立するために，学業が最も重要な位置を占めていることが推測される。

　その一方で，「学問」「享受」「便益」の3潜在変数間には共変量の関係があることも明らかとなった。また，「全体的満足感」は「学部満足感」に対する関係性が高いことが示された。したがって，大学生の大学生活における「全体的満足感」は，対人関係面や教育環境面のみばかりではなく，学問への期待やイメージが大きな影響を及ぼし，さらに大学生活における「全体的満足感」は「現在所属している学部に満足しているか」と問われた結果としての満足感である「学部満足感」に大きな影響を及ぼすことが示唆された。すなわち，大学の本来的機能である専門知識を深め，自分自身の向上を図ることを反映しうる要因（「学問」）が大学生のQOLの向上には重要であり，「全体的満足感」に対して多大な影響を及ぼすことが判明した。これらの結果は，高校生を対象とした大学進学志望動機に関する渕上（1984b）の研究結果と類似する結果でもある。

　しかし，我々は，大学入学前の大学生活に対する期待やイメージと現時点の

意識との差異を内省報告させた結果について回答を得たために，データ解釈上の限界について触れざるを得ない．現実と期待の差異の解消について，期待に応える努力をすることによる解消と，期待を低下させることによる解消の二つがあろう．本章では，差異そのものを測定したが，期待を低めたために現実との間の差異が低下したのか，逆に満足している自分であろうとするために期待と現実との差異が低下したのかを判断することは困難である．

　近年は，多くの大学において外部機関による大学評価や学生への授業内容に対するアンケートなどが行われている．我々の知見は，これらの社会的傾向を反映して，大学に対する他者評価と学生の大学生活への満足感の双方の視点から大学教育について再考する重要性を裏付けている．

　すなわち，学生の大学生活に対する現状認識と期待の間の差異を小さくさせる重要な要因の一つとして，今ある大学環境に個人が適応し，不平・不満を減じていくのみではなく，教育環境面の改善等を含む個人と環境の両側面からの改善・適応といった組織的な改革の必要性が増してきているのではなかろうか．

　ベネッセ教育総合研究所は，「学生が大学入学前に描いていたイメージと現実の学生生活とのギャップ」について分析をした結果，「大学生活に『イメージギャップ』があると答えた学生は約70％」であることを報告し，「イメージギャップとは，満足の対極にある不満の要因と考えられる」ことを示唆し，「イメージギャップを減少・軽減させるような取り組みを行うことが大学満足度の向上につながる」可能性があると指摘している（ベネッセ教育総合研究所，2007）．

　しかし，ハーズバーグ（Herzberg, F., 1966）の動機づけに関する職務満足2要因理論に従えば，動機づけを高めるためには不満要因（衛生要因）をどのように改善するかという視点よりも，満足要因（動機づけ要因）をいかに充足させるかという視点がより重要であろう．したがって，不満要因のみに目を向けることが必ずしも有効ではないと考えられる．

第3章　大学の教育・指導体制と大学生活への満足感

1．研究の問題および目的

　愛知淑徳大学では，これまでに，全学の学部生・大学院生を対象に学生生活に関する意識調査を複数回実施している。このデータの分析報告書は，大学生活の広範囲にわたる側面に関する各質問項目について，主として単純集計により分析された結果を客観的に整理したものである。しかし，単純集計に基づく報告のみでは，学生のニーズを的確に捉えるための基礎資料とするには限界がある。

　そこで我々は，2005年に実施された「愛知淑徳大学学生生活の状況と意識アンケート2005」のデータを再分析することにより，学生は学生生活のどのような点に満足を感じているのかを改めて明らかにする。加えて，教育・指導体制が大学生活への満足感にどのような影響を及ぼしているかを明確にする。

2．方　　法

(1) 質問紙調査の概要

　我々が用いた質問紙調査票の表題は「愛知淑徳大学学生生活の状況と意識アンケート2005」（愛知淑徳大学学生生活委員会・愛知淑徳大学学生生活満足度調査専門委員会，2006）である。そのうち，本章で分析する質問項目群は以下の通りである。学生生活全般，教育内容全般，在籍する学部・学科，教養教育科目の授業内容，専門教育科目の授業内容，資格教育科目（教職・司書・学芸員）の授業内容，言語活用科目の授業内容，コンピュータ活用科目の授業内

容，教養教育科目選択の自由度，専門教育科目選択の自由度，資格教育科目（教職・司書・学芸員）選択の自由度，言語活用科目選択の自由度，コンピュータ活用科目選択の自由度，成績評価の仕方，教養教育科目の受講者数，専門教育科目の受講者数，資格教育科目（教職・司書・学芸員）の受講者数，言語活用科目の受講者数，コンピュータ活用科目の受講者数，教員との交流，学生同士の交流，教員の授業に取り組む姿勢，学生の授業に取り組む姿勢，アドバイザーによる指導体制，ハラスメントへの対応，履修などのガイダンス，「履修要覧」のわかりやすさ，「GUIDEPOST」（学生便覧）のわかりやすさ，エンカウンター・キャンプ（新入生研修合宿），図書館蔵書数，図書館蔵書種類，図書館のサービス，情報教育センターのサービス，国際交流センター（国際部）のサービス，健康科学センターのサービス，コンピュータ教室の設備，語学専用教室の設備，一般教室の設備，食堂，購買・書籍販売のための施設，体育館，グラウンド，クラブハウス，空き時間を過ごす場所，保健室の対応，学生相談室の利用のしやすさ，キャンパスの美化，決められた場所以外での学内禁煙のルール，大学までの市バス，大学までのスクールバス，長久手・星が丘キャンパス間の連絡バス（スクールバス），駐輪場，奨学金制度，時間割の設定，昼休み時間の設定，掲示板の見やすさ，個人ロッカーの利用，インターネットの利用，課外活動の活動場所，課外活動への支援，教務課・教学課・学生課のサービス，キャリアセンターのサービスと就職支援体制の62項目である。いずれも1：満足から5：不満までの5段階評定尺度および6：該当しないによって回答を求めた。

（2）調査対象者

　2005年度在籍中の愛知淑徳大学学部生6,569人。回収数は5,020人，回収率は76.4％であった。

（3）調査方法

　必修または受講生の多い授業において質問紙を配布し，回答後直ちに回収を行う集合調査法の手続きを用いた。調査期間は，2005年11月28日〜2006年1月12日であった。得られたデータの解析方針として，6：該当しないに回答した場合は欠損値として扱い，分析対象から除外した。

3. 結　果

（1）大学生活の満足感に関する尺度の構成

　62項目からなる大学生活への満足感項目のうち，「学生生活全般」「教育内容全般」「在籍する学部・学科」の3項目を除外した59項目について因子分析（主因子法，プロマックス回転）を実施した。因子数の推定にあたっては，固有値の減衰状況および解釈可能性を考慮し，12因子解が妥当であると判断した。抽出された12因子のうち，各因子のいずれかに因子負荷量の値が.40以上の43項目に関する因子分析結果を表3-1に示した。因子ごとに共通する項目内容の意味から，第Ⅰ因子を「授業受講者数」，第Ⅱ因子を「授業選択自由度」，第Ⅲ因子を「教育関連サービス」，第Ⅳ因子を「キャンパス環境」，第Ⅴ因子を「スポーツ・課外施設」，第Ⅵ因子を「図書館」，第Ⅶ因子を「交通手段」，第Ⅷ因子を「履修関連」，第Ⅸ因子を「課外活動支援」，第Ⅹ因子を「学修態勢」，第ⅩⅠ因子を「授業内容」，第ⅩⅡ因子を「学食・購買」と命名した。

　上記12因子に基づき，各因子への負荷量の高い項目の素点を加算した値を項目数で除した値（合成得点）を算出し，大学生活の満足感に関する12尺度として構成した。諸尺度の信頼性係数（α）は，「授業受講者数」=.88,「授業選択自由度」=.86,「教育関連サービス」=.82,「キャンパス環境」=.71,「スポーツ・課外施設」=.82,「図書館」=.85,「交通手段」=.80,「履修関連」=.81,「課外活動支援」=.85,「学修態勢」=.64,「授業内容」=.70,「学食・購買」=.78であった。また，諸尺度の度数（N），平均値（$Mean$）および標準偏差（SD）を表3-2に示した。

　満足感が高かった因子は，「キャンパス環境」「授業選択自由度」「教育関連サービス」などであり，他方，「交通手段」「学食・購買」「スポーツ・課外施設」の3因子については，やや不満足な傾向が示された。

（2）学生生活全般および教育内容全般の満足感を規定する要因の検討
①満足感に影響を及ぼす要因
　大学生活の満足感因子の抽出に用いなかった「学生生活全般」項目と「教育

表3-1 大学生活への満足感に関する因子分析結果 （N=1645）[注]

項目	I	II	III	IV	V	VI	VII	VIII	IX	X	XI	XII
コンピュータ受講者数	.83	.06	-.01	-.03	.03	-.01	.00	.02	.01	-.04	-.03	.00
資格受講者数（教・司・学）	.79	.00	.00	-.08	.05	.00	.00	.01	.05	-.14	.17	-.02
言語受講者数	.79	.05	.13	-.03	.01	-.03	.02	.02	-.06	-.06	.01	-.02
専門受講者数	.77	-.02	-.04	.10	-.04	-.01	-.02	.00	-.02	.08	-.01	.02
教養受講者数	.75	-.02	-.06	.09	-.05	.04	-.02	-.04	.02	.12	-.08	.05
言語選択自由度	.02	.80	.11	-.08	.00	-.03	-.03	-.01	.00	.08	-.06	-.02
コンピュータ選択自由度	.10	.79	.11	-.04	-.02	-.01	.03	-.01	-.02	.06	-.17	.01
専門選択自由度	-.03	.74	-.11	.08	.02	.02	-.03	.03	-.03	.01	.13	-.03
教養選択自由度	.03	.69	-.09	.18	-.02	.06	-.01	-.05	-.04	.01	.09	-.04
資格選択自由度（教・司・学）	-.03	.66	-.02	-.14	.04	.04	.04	.04	.09	-.11	.23	-.03
語学専用教室設備	.03	.14	.78	-.03	-.03	-.07	-.05	-.04	.01	.01	-.10	.06
国際交流センター・サービス	.04	-.08	.77	-.10	.01	-.01	.01	.00	.05	.10	.03	-.06
情報教育センター・サービス	.04	-.13	.69	.02	-.03	.15	.02	.01	.01	.01	.08	-.01
健康科学センター・サービス	-.03	-.05	.67	.00	.00	.07	.00	.00	.00	.06	-.01	-.09
コンピュータ教室設備	-.07	.13	.64	.18	-.04	-.04	-.07	.01	-.07	-.08	-.03	.12
昼休み時間の設定	.02	.03	-.07	.72	.02	.04	-.02	-.02	.00	-.09	-.02	.02
キャンパス美化	.00	-.08	.01	.57	.02	-.03	.13	.00	-.04	.01	.09	-.09
学内禁煙のルール	.05	-.08	.03	.53	.05	-.06	.08	.00	.01	.05	-.01	-.05
時間割の設定	.02	.13	-.10	.49	-.01	.04	.00	.08	.00	.04	-.02	.05
インターネット	-.07	.12	.27	.46	-.03	-.08	-.10	.01	.09	-.13	.01	.06
掲示板	.02	-.03	.04	.43	-.01	.04	.06	.10	.09	.05	-.12	.01
グラウンド	.01	.03	-.05	.03	.93	.00	-.03	.01	-.04	.04	-.06	-.02
クラブハウス	.01	-.01	.00	-.06	.76	.03	.02	.02	.06	.02	-.03	-.01
体育館	-.03	-.01	.08	.14	.68	-.04	-.02	-.04	-.01	-.03	.05	.09
図書館蔵書種類	.02	.01	-.02	-.03	.00	.98	-.01	-.01	.01	.01	-.04	.00
図書館蔵書数	-.02	.06	-.02	.00	.01	.95	.00	.01	.01	.00	-.01	.00
図書館・サービス	-.03	-.05	.32	.15	.02	.42	.04	.01	-.07	-.09	.14	-.04
スクールバス	-.01	.06	.01	-.01	-.01	-.01	.96	-.03	-.03	-.06	-.02	.03
キャンパス連絡バス	-.05	.07	.01	.04	.02	-.02	.70	.01	.04	.00	-.01	.01
市バス	.04	-.10	-.07	.14	-.04	.01	.55	.03	-.02	.07	.03	.02
履修要覧	.01	.00	-.07	-.01	-.02	.01	.01	.96	-.01	-.02	-.06	-.02
「GUEDEPOST」	-.01	-.01	.03	.01	.00	.00	.01	.78	-.02	-.08	.04	-.01
履修などガイダンス	.02	.01	.07	.04	.00	-.03	-.04	.63	.00	.10	.02	.03
課外活動の支援	-.03	-.01	-.01	-.01	-.01	.00	-.03	.00	.93	.05	.02	.00
課外活動活動場所	.04	.00	.06	.12	.00	-.04	-.02	-.04	.75	-.03	-.01	.00
学生の授業姿勢	.00	.04	-.01	-.04	.00	-.01	-.06	.03	.01	.76	-.03	.01
教員の授業姿勢	-.02	.01	.08	.09	.00	-.01	-.04	.00	-.05	.49	.30	-.03
アドバイザー指導体制	.00	.05	.11	-.08	-.01	.00	.05	.13	.00	.46	.05	.04
専門授業内容	.02	.05	-.05	.07	-.02	-.07	-.05	.01	-.02	.08	.67	.04
資格授業内容（教・司・学）	.02	.14	.04	-.20	.01	.00	.04	.02	.10	-.06	.63	.02
教養授業内容	.06	.10	-.04	.10	-.05	-.01	.01	-.07	-.06	.06	.60	.03
食堂	.01	-.06	.03	-.02	-.01	.06	.00	-.05	.01	.04	.04	.81
購買・書籍販売施設	.01	-.03	-.04	-.06	.10	.02	.00	-.01	.05	.01	-.05	.81
固有値	8.10	8.45	9.21	8.18	6.15	5.48	4.41	7.57	5.73	5.94	7.70	5.85
因子間相関	1.00	.61	.49	.44	.35	.24	.29	.44	.36	.49	.57	.30

注）N=1645と少ないのは，該当しない=6を欠損値として扱い，欠損値があるデータについては，分析リストから除外したためである。

表3-2　大学生活への満足感に関する諸尺度の平均値と標準偏差

	N	Mean	SD
授業受講者数	3378	2.80	0.69
授業選択自由度	3524	2.65	0.82
教育関連サービス	3326	2.67	0.65
キャンパス環境	4424	2.57	0.67
スポーツ・課外施設	3002	3.15	0.84
図書館	4874	2.80	0.96
交通手段	3154	3.54	0.99
履修関連	4806	2.81	0.83
課外活動支援	3401	2.97	0.79
学修態勢	4367	2.96	0.68
授業内容	3623	2.69	0.79
学食・購買	4938	3.41	1.10

内容全般」項目のそれぞれを従属変数とし，因子分析によって抽出された因子に基づく12尺度を独立変数とする重回帰分析（ステップワイズ法，投入する基準 $p<.05$,除去する基準 $p<.10$ ）を実施した。その結果，「学生生活全般」に対しては，「授業内容」「キャンパス環境」「学修態勢」「交通手段」「授業選択自由度」の5因子が，「教育内容全般」に対しては，「授業内容」「学修態勢」「履修関連」「授業選択自由度」の4因子が影響を及ぼしていた。表3-3に回帰係数（B）などを示した。

②全般的満足感と教育・指導体制との関連性

「学生生活全般」および「教育内容全般」の2項目に対する満足感と，「教員との交流」「学生どうしの交流」「教員の授業に取り組む姿勢」「学生の授業に取り組む姿勢」の4項目が関連性を持つかを検討した。

「学生生活全般」と「教育内容全般」の2項目の得点により，満足群（評定値が1と2），どちらでもない群（評定値が3），不満足群（評定値が4と5）の3群に分けて一元配置分散分析を実施し，分析結果を表3-4に示した。

いずれの項目間の関連についても，「学生生活全般」および「教育内容全般」の満足群の方が不満足群よりも，「教員との交流」「学生どうしの交流」「教員の授業に取り組む姿勢」「学生の授業に取り組む姿勢」項目の満足感が高いこ

表3-3 愛知淑徳大学の「学生生活全般」および「教育内容全般」の満足感に関する重回帰分析

従属変数	独立変数	B	β	t
学生生活全般	授業内容	.46	.37	13.78***
	キャンパス環境	.23	.15	6.39***
	学修態勢	.14	.10	4.02***
	交通手段	.08	.08	3.38***
	授業選択自由度	.08	.07	2.50**
	R	.59		
	R^2	.35		
	調整済みR^2	.35	($F(1,1653)$=180.62) ***	
教育内容全般	授業内容	.59	.49	21.09***
	学修態勢	.26	.19	8.73***
	履修関連	.11	.09	4.52***
	授業選択自由度	.09	.08	3.44***
	R	.72		
	R^2	.52		
	調整済みR^2	.51	($F(1,1645)$=437.47) ***	

$p<.01$ **, $p<.001$ ***

とが示された ($p<.001$)。

③全般的満足感と教員・学生の交流との相互作用

「学生生活全般」および「教育内容全般」項目に対する,「教員との交流」お

表3-4 教員・学生の交流および教員・学生の授業姿勢と愛知淑徳大学の「学生生活全般」および「教育内容全般」の満足感

	学生生活全般の満足				教育内容全般の満足			
	満足群	どちらでもない	不満足群	F値	満足群	どちらでもない	不満足群	F値
教員との交流	2.75	3.02	3.35	174.37***	2.65	3.02	3.30	250.96***
	(.83)	(.70)	(.91)		(.84)	(.66)	(.91)	
学生どうしの交流	1.89	2.56	3.05	658.45***	1.95	2.37	2.68	246.22***
	(.82)	(.81)	(1.10)		(.88)	(.88)	(1.08)	
教員の授業に取り組む姿勢	2.42	2.83	3.17	287.03***	2.25	2.80	3.22	583.63***
	(.84)	(.76)	(.92)		(.79)	(.70)	(.93)	
学生の授業に取り組む姿勢	3.08	3.28	3.64	124.75***	3.01	3.25	3.64	189.18***
	(.91)	(.77)	(.91)		(.95)	(.73)	(.89)	

$p<.001$ *** (SD)

およ「学生どうしの交流」項目の満足感の相互作用を検討するために二元配置分散分析を実施し,各群の平均値を図3-1に示した。

「学生生活全般」については,「教員との交流」の主効果（$F(2,4867) = 66.41$, $p<.001$）および「学生どうしの交流」の主効果（$F(2,4867) = 365.06$, $p<.001$）が有意であった。多重比較の結果,「教員との交流」についても,「学生どうしの交流」についても,満足群,どちらでもない群,不満足群の順に「学生生活全般」の満足感が有意に高いことが示された（$p<.05$）。「教育内容全般」については,「教員との交流」の主効果（$F(2,4848) = 81.09$, $p<.001$）および「学生どうしの交流」の主効果（$F(2,4848) = 108.46$, $p<.001$）が有意であった。多重比較の結果,「教員との交流」についても,「学生どうしの交流」についても,満足群,どちらでもない群,不満群足の順に「教育内容全般」の満足感が

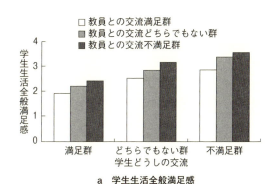

a 学生生活全般満足感

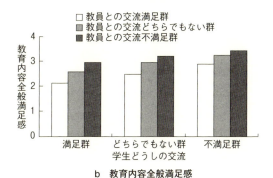

b 教育内容全般満足感

図3-1 「教員」との交流および「学生どうしの交流」と各満足感

有意に高いことが明らかになった（$p<.05$）。

④全般的満足感と授業への取り組み姿勢との相互作用

「学生生活全般」および「教育内容全般」項目に対する,「教員の授業に取り組む姿勢」と「学生の授業に取り組む姿勢」項目の満足感の相互作用的影響を検討するために二元配置分散分析を実施し, 各群の平均値を図3-2に示した。

「学生生活全般」については,「教員の授業に取り組む姿勢」の主効果（$F(2,4950)=95.31$, $p<.001$）および「学生の授業に取り組む姿勢」の主効果（$F(2,4950)=21.8$, $p<.001$）および交互作用（$F(4,4950)=3.19$, $p<.05$）が有意であった。

単純主効果検定の結果,「学生の授業に取り組む姿勢」の満足群（$F(2,4950)$

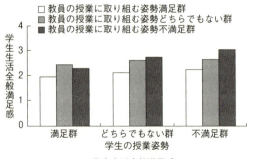

a　学生生活全般満足感

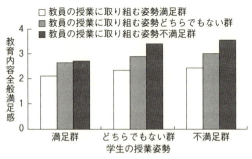

b　教育内容全般満足感

図3-2　教員および学生の授業姿勢と各満足感

= 3.55, $p<.001$),どちらでもない群（$F(2,4950)=79.52, p<.001$),不満足群（$F(2,4950)=109.82, p<.001$)における効果がそれぞれ有意であった。すなわち「学生の授業に取り組む姿勢」の満足群においては,「教員の授業に取り組む姿勢」の満足群が,不満足群およびどちらでもない群よりも「学生生活全般」項目の満足感が有意に高かった（$p<.05$)。「学生の授業に取り組む姿勢」のどちらでもない群においては,「教員の授業に取り組む姿勢」の満足群が,どちらでもない群および不満足群よりも「学生生活全般」項目の満足感が有意に高かった（$p<.05$)。「学生の授業に取り組む姿勢」の不満足群においては,「教員の授業に取り組む姿勢」の満足群,どちらでもない群,不満足群の順に「学生生活全般」項目の満足感が有意に高かった（$p<.05$)。

　また,「教員の授業に取り組む姿勢」の満足群（$F(2,4950)=14.47, p<.05$),どちらでもない群（$F(2,4950)=3.12, p<.05$),不満足群（$F(2,4950)=13.75, p<.001$)における単純主効果がそれぞれ有意であり,「教員の授業に取り組む姿勢」の満足群においては,「学生の授業に取り組む姿勢」の満足群,どちらでもない群,不満足群の順に「学生生活全般」項目の満足感が有意に高く（$p<.05$),どちらでもない群と不満足群の間に有意差がないことが示された。さらに,「教員の授業に取り組む姿勢」の不満足群においては,「学生の授業に取り組む姿勢」の満足群およびどちらでもない群の間に有意差がないことが示されたが,満足群およびどちらでもない群は,不満足群よりも有意に満足感が高かった（$p<.05$)。

　「教育内容全般」については,「教員の授業に取り組む姿勢」の主効果（$F(2,4932)=184.06, p<.001$)および「学生の授業に取り組む姿勢」の主効果（$F(2,4932)=26.77, p<.001$)が有意であった。

　多重比較の結果,満足群,どちらでもない群,不満足群の順に「教育内容全般」項目の満足感が有意に高かった（$p<.05$)。

4．考　察

　大学生活の満足感に関する59項目について因子分析を施した結果,「授業受講者数」「授業選択自由度」「教育関連サービス」「キャンパス環境」「スポーツ・

課外施設」「図書館」「交通手段」「履修関連」「課外活動支援」「学修態勢」「授業内容」「学食・購買」の12因子が得られた。

その後,「学生生活全般」および「教育内容全般」の満足感に関する規定要因について検討するために重回帰分析を試みた。その結果,「学生生活全般」については,「授業内容」「キャンパス環境」「学修態勢」「交通手段」「授業選択自由度」の5因子が,「教育内容全般」については,「授業内容」「学修態勢」「履修関連」「授業選択自由度」の4因子が影響を及ぼしていた。双方に影響を及ぼしていた因子は「授業内容」「学修態勢」「授業選択自由度」の3因子であり,教員の学生指導および授業内容といった,教育・指導体制に関連するものであった。この結果は,学問のための優れた教育環境が大学生活全体のより高い満足感をもたらすという知見を明示した筆者らの先行研究（安田・若杉・榊原,2007）と軌を一にするものである。

さらに,教育・指導体制について,「教員との交流」「学生との交流」「教員の授業に取り組む姿勢」「学生の授業に取り組む姿勢」に関する項目と「学生生活全般」「教育内容全般」項目の関連について一元配置分散分析を用いて検討したところ,いずれの項目間においても,統計的に有意な関係性がみられた。

次に,「教員との交流」および「学生どうしの交流」や,「教員の授業に取り組む姿勢」および「学生の授業に取り組む姿勢」の相互作用について二元配置分散分析による検討を試みた。「教員との交流」および「学生どうしの交流」においては,「学生生活全般」および「教育内容全般」の双方で,「教員との交流」の主効果,「学生どうしの交流」の主効果がみられた。「教員との交流」についても,「学生どうしの交流」についても満足感が高い人ほど「学生生活全般」および「教育内容全般」の満足感が統計的に有意に高いことが示された。したがって,学生どうしの交流のみならず,教員とも交流することが「学生生活全般」や「教育内容全般」のどちらの満足感とも関連していることが明らかとなった。

さらに,「教員の授業に取り組む姿勢」および「学生の授業に取り組む姿勢」においては,「学生生活全般」については,「教員の授業に取り組む姿勢」と「学生の授業に取り組む姿勢」の交互作用がみられ,「教育内容全般」については,「教員の授業に取り組む姿勢」の主効果,「学生の授業に取り組む姿勢」の主効

果がみられた。交互作用のみられた「学生生活全般」については，単純主効果検定の結果,「教員の授業に取り組む姿勢」の満足群においては,「学生の授業に取り組む姿勢」の満足群，どちらでもない群，不満足群の順に「学生生活全般」に関する満足感が有意に高く，どちらでもない群と不満足群の間に有意差がないことが示された。また,「教員の授業に取り組む姿勢」の不満足群においては,「学生の授業に取り組む姿勢」の満足群およびどちらでもない群の間に有意差がないことが示されたが，満足群およびどちらでもない群は，不満足群よりも有意に満足感が高かった。さらに，「学生の授業に取り組む姿勢」の満足群，すなわち，自身の授業に取り組む姿勢に関する評価が高い場合は，「教員の授業に取り組む姿勢」に不満足な学生とあるいはどちらでもないと感じている学生との間で学生生活全般の満足感に統計的有意差がなかった。一方で,「学生の授業に取り組む姿勢」の不満足群，すなわち，自身の授業に取り組む姿勢に関する評価が低い学生は，「教員の授業に取り組む姿勢」に満足，どちらでもない，不満足の順に統計的有意に満足感が高いことが示唆された。つまり，自身の授業に取り組む姿勢に関する評価が低い学生は，教員の授業に取り組む姿勢によっても学生生活全般の満足感が影響を受け，教員の授業に取り組む姿勢に満足を感じるほど学生生活全般の満足感が高まる一方，自身の授業に取り組む姿勢に関する評価が高い学生は，教員の授業に取り組む姿勢にあまり影響を受けないと言える。

　大学生活の重点について，1992年の全国大学生協連合会による調査結果では,「豊かな人間関係」を築くことが第1位であったのに対し，2002年には「勉強第一」が全体の25％を占め第1位となった（武内，2003）。河地（2005）によれば，2004年の首都圏大学生調査では，第1位が授業・ゼミで43％を占め，学業に重点を置いた学生生活を送っていることが明らかにされている。また，学生たちの意見・提案が最も多かったのは授業改善についてであったと述べている。学生たちの授業満足感の平均値が高い大学は，日頃から教員と学生の接触が頻繁であるとも指摘されている。したがって，大学生活の満足感を高めるには，教育・指導体制が与える影響が大きく改善することが重要であろう。

　このことについては，溝上（2004）は，「学生たちの不満に応えるだけでは本質的な教育問題は解決されないということであって，教員，学生双方の相乗

的な改善こそが，これからの大学教育の発展には求められている。要するに自らが役立てることができる知識やスキルを学ぼうという意欲を持たせること，さらに言えば，利害で学習するのではなく，学びそのものの価値を認めさせることである」と述べている。

つまり，大学は何かを教える場としてよりも，「話し合う場」「何かをつくる場」「成果を残す場」として，より能動的，主体的に参加しうる授業へと方向を変えてゆく必要があるのではないだろうか。換言すれば，講義偏重の授業形態を改め，ディスカッションやワークショップなどの手法を導入し，展開するのも一案である。

参考までに，「学生生活の状況と意識アンケート2005」における「本学に対する希望」の自由記述の回答を紹介したい。「実践的な授業が増えるといい」「学生の意見を取り入れて授業内容・科目を考えて欲しい」「学生の反応を見ながらの授業をして欲しい」「授業の専門性を高めて欲しい」「学生にもっと本を読ませる課題を出して欲しい」「授業内容を分かりやすくして欲しい」「学部・学科を越えた交流・接触の機会があるといい」「教員とも仲良くしたい」といった記述がみられた。自由記述にあるような学生たちの生の反応は，大学生活の満足感を高めるうえで，いかに教育・指導体制が重要であるかを示し，今後の改善点を指し示すものではなかろうか。

第4章　卒業生の大学教育内容への満足感とキャリア発達

1．研究の問題および目的

　FDの観点から，大学教育に関する「自己評価」「第三者評価（相互評価，認証評価）」「専門分野評価」「行政機関の行う大学評価」「政策評価としての大学評価」「社会的評価」など，大学が様々な評価を受けるようになってきた（蔵原，2005）。加えて，大学が就職率や教育研究環境など，様々な観点からランキングづけされるようにもなってきた。しかし吉本（2007）は,社会的な説明責任という枠組みでの「教育の成果」の検討は，「自己点検・評価の常套手段の授業評価や，単位取得状況や試験・資格取得実績などだけでその『成果』が測れるものではない。むしろ教育の成果は卒業生のキャリアに体現されるはずである」と述べている。また，森山（2007）は，「キャリア教育の目的は，『職業観・就労観の涵養』であり，『主体的に進路を選択する能力・態度の育成』『職業に必要な知識・技能の習得』にある」と述べている。教育の質保証は，単に学生の個人的な満足のみを直接取り上げるのではなく，社会に必要とされる人材の育成という観点からのアプローチが必要ではなかろうか。

　そこで，我々の研究グループは，教育の質保証を念頭に置き，卒業生自身の観点から過去の大学教育を振り返り，卒業生のキャリア発達の姿を考察する。その際，実学や専門教育の効果ばかりではなく，社会人基礎力，大学教育に対する満足感といった点に注目する。この視点は，従来の研究では見出し得ない本書の特色であり，「自立した教養の高い社会構成員」を社会に送り出す機能としての私立大学教育の効果について検討する新たな枠組みである。

　これまでの研究において，我々は以下の二つの観点から検討を試みてきた。

一つは，大学生の在学中の学生生活への満足感についてであり，もう一つは大学生活への満足感に及ぼす大学の教育・指導体制の影響についてである。大学生の学生生活への満足感は，学部に対する満足感との関係性が強く，学問への期待が大きな影響力を持っていることが明示された（安田・若杉・榊原，2007）。

また，大学生活への満足感に及ぼす教育・指導体制の影響については「授業受講者数」「授業選択自由度」「教育関連サービス」「キャンパス環境」などから成る12尺度が構成され，とくに影響を及ぼしていた因子は「授業内容」「学修態勢」「授業選択自由度」の3因子であることが明らかになった（安田・若杉・榊原，2009）。

一連の研究から帰結した本書での新たな視座は，卒業生が在学中に受けてきた教育を振り返るという観点であり，卒業生の現在の仕事への取り組み状況を把握し，その結果から大学教育の在り方を探求してみることにある。

2．方　法

（1）調査の概要

我々が用いた質問紙調査票は全41項目からなる「愛知淑徳大学卒業生のキャリア発達に関する調査」である。そのうち，本章で分析する質問項目群は以下の16項目である。それらの内容は，大きく二つに分類され，一つは「大学の教育内容への満足感」（教育内容は総合的にみて満足できる，所属していた学部に満足している，興味のあるカリキュラムが組まれていた，専門性の高い講義が行われていた，授業を好きなように組むことができた，興味のあることを中心に勉強を展開することができた，実践的な講義が行われていた，コンピュータ教育は仕事に活かされている）であり，他の一つは「仕事への取り組み」（仕事に積極的に取り組む，仕事の目標を設定し確実に実行する，仕事の改善に取り組む，仕事において相手の意見や立場を尊重する，仕事の状況に応じて自らの発言や行動を適切に律することができる，組織のなかで自分が求められている役割を理解している，ストレスを感じることがあっても成長の機会だと捉えて対応することができる，仕事の企画原案・運営などの業務を任せられている）

である。いずれも「当てはまる」～「当てはまらない」の5件法で回答を得た。

(2) 調査対象者

2009年度までに愛知淑徳大学同窓会に入会した会員（2万名超）のなかから5,143名を出身学部，卒業年度を考慮して被調査者を選出した。アンケート回収数は988通であり，回収率は19.2％であった。回答者の平均年齢は33.39歳（$SD = 8.99$）であった（女性924名，男性56名，不明8名）。なお，回答者の年齢構成を図4-1に示した。

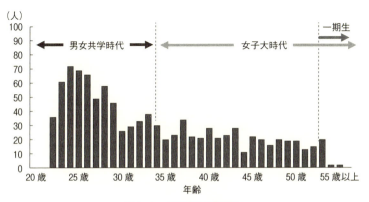

図4-1　回答者の年齢構成

(3) 調査方法

調査対象者へ調査票を郵便にて送付，回収した。質問紙の調査期間は，2010年6月～2010年8月であった。

3. 結　果

対象者の年齢に関する5群（20歳代，30～34歳，35～39歳，40～44歳，45歳以上）と，役職の有無（主任以上かそれ以外）に関する2群とに分けた。年齢群別の平均年齢および男女比はそれぞれ，20歳代は，25.48歳（$SD = 2.12$）；女性411名；男性37名；不明1名であり，30-34歳は，32.11歳（$SD = 1.36$）；女性133名；男性18名，35-39歳は，37.01歳（$SD = 1.32$）；女性113名；男性

1名；不明1名，40-44歳は，41.75歳（SD=1.34）；女性104名；不明2名，45歳以上は，48.92歳（SD=2.83）；女性157名であった。役職の有無別の平均年齢および男女比は，それぞれ役職なしは，31.22歳（SD=8.52）；女性582名；男性39名；不明1名，役職ありは，38.08歳（SD=8.05歳）；女性147名；男性9名；不明1名であった。図4-2には，役職の有無別の度数および役職ありの年齢群別の度数を示した。

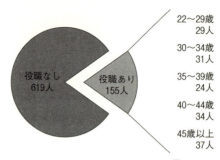

図4-2　役職の有無（年齢別）^{注)}
注）年齢が不明な5名（役職あり2名，役職なし3名）のデータは含まれていない。

（1）大学の教育内容への満足感

①年齢との関連性

大学の教育内容への満足感についての8項目の設問（教育内容への満足感，所属学部への満足感，カリキュラムへの興味，講義内容の専門性，授業選択の自由度，興味ある勉強の展開，実践的な講義，コンピュータ教育と仕事）と年

表4-1　大学の教育内容への満足感の年齢別平均値およびF値

質問項目	22-29歳 N=449	30-34歳 N=151	35-39歳 N=115	40-44歳 N=106	45歳以上 N=157	F値
教育内容満足	3.85 (0.85)	3.56 (0.95)	3.65 (0.92)	3.41 (0.95)	3.41 (1.04)	10.17***
所属学部満足	4.18 (0.93)	3.75 (1.11)	3.94 (1.02)	3.83 (1.01)	3.74 (1.01)	9.46***
カリキュラムへの興味	4.00 (0.84)	3.68 (0.92)	3.68 (0.95)	3.42 (0.97)	3.06 (1.00)	34.64***
講義内容の専門性	3.71 (0.99)	3.43 (1.04)	3.53 (0.96)	3.54 (1.03)	3.20 (1.01)	8.16***
授業選択自由度	4.05 (1.01)	3.80 (1.05)	3.47 (1.09)	3.33 (1.08)	2.70 (1.21)	50.23***
興味ある勉強の展開	4.07 (0.85)	3.73 (0.99)	3.46 (1.02)	3.23 (1.09)	2.82 (1.07)	57.75***
実践的な講義	3.29 (1.02)	2.99 (0.97)	2.91 (0.97)	2.99 (0.99)	2.50 (1.02)	18.80***
コンピュータと仕事	3.13 (1.24)	2.82 (1.30)	2.60 (1.33)	2.36 (1.35)	1.59 (0.85)	45.04***

$^{***}p<.001$

表4-2 大学の教育内容への満足感と多重比較結果(20歳代との比較)

質問項目	30-34歳	35-39歳	40-44歳	45歳以上
教育内容満足	**	ns	***	***
所属学部満足	***	ns	**	***
カリキュラムへの興味	***	**	***	***
講義内容の専門性	*	ns	ns	***
授業選択自由度	ns	***	***	***
興味ある勉強の展開	**	***	***	***
実践的な講義	*	**	*	***
コンピュータと仕事	ns	***	***	***

$*p<.05$, $**p<.01$, $***p<.001$

齢との関連性について一元配置分散分析を行った。その結果を表4-1に示す。

8項目すべてにおいて有意差がみられ、全体として「年齢の低い」方が高い満足感を示していた($p<.001$)。なお、表4-2にはTukeyの多重比較による結果を示したが、「20歳代」との比較において有意差がみられなかったのは、「30-34歳」における授業選択の自由度、コンピュータ教育と仕事、「35-39歳」における教育内容への満足感、所属学部への満足感、講義内容の専門性、「40-44歳」における講義内容の専門性であった。

②役職の有無との関連性

表4-3には8項目の設問(教育内容への満足、所属学部への満足、カリキュラムへの興味、講義内容の専門性、授業選択の自由度、興味ある勉強の展開、実践的な講義、コンピュータ教育と仕事)に関する役職の有無(主任以上かそれ以外)別の2群の平均値の差異の検定結果を示した。カリキュラムへの興味、講義内容の専門性、興味ある勉強の展開、コンピュータ教育と仕事の4項目において役職の有無別間の有意差がみられた。すなわち、これらの項目のいずれについても「役職なし」の方が有意に高い満足感を示していた($p<.001$, $p<.05$, $p<.01$, $p<.01$)。

(2) 仕事への取り組み

①年齢との関連性

対象者の年齢を5群(20歳代、30～34歳、35～39歳、40～44歳、45歳以

表4-3 大学の教育内容への満足感の役職有無別平均値およびt値

質問項目	役職なし $N=622$[注] 平均値（SD）	役職あり $N=157$[注] 平均値（SD）	t値
教育内容満足	3.72（0.91）	3.55（1.01）	1.91
所属学部満足	4.05（1.01）	3.94（1.04）	1.24
カリキュラムへの興味	3.79（0.93）	3.51（0.97）	3.40***
講義内容の専門性	3.60（1.02）	3.39（0.94）	2.30*
授業選択自由度	3.75（1.15）	3.58（1.10）	1.62
興味ある勉強の展開	3.78（1.02）	3.47（0.99）	3.31**
実践的な講義	3.12（1.05）	2.96（0.95）	1.88
コンピュータと仕事	2.86（1.32）	2.52（1.29）	2.87**

$^*p<.05$, $^{**}p<.01$, $^{***}p<.001$

注）役職なしの「教育内容満足」「授業選択自由度」「実践的な講義」は$N=621$，「興味ある勉強の展開」$N=618$，「コンピュータと仕事」は$N=610$であり，役職ありの「カリキュラムへの興味」「講義内容の専門性」「授業選択自由度」「興味ある勉強の展開」「実践的な講義」は$N=156$，「コンピュータと仕事」は$N=153$であった。

上）に分類し，仕事への取り組みについての8項目の設問（仕事への積極性，目標設定と実行性，改善への取り組み，仕事相手の尊重，臨機応変な態度，組織内での役割理解，ストレスの捉え方，企画原案・運営業務）との関連性について一元配置分散分析を行った。

その結果を表4-4に示した。目標設定と実行性，組織内での役割理解，ストレスの捉え方，企画原案・運営業務の4項目で有意差がみられ，平均値は，「20歳代」で低く，「45歳以上」で高い傾向が顕著であった（$p<.05, p<.01, p<.05, p<.001$）。

表4-4 仕事への取り組みの年齢別平均値およびF値

質問項目	22-29歳 $N=449$	30-34歳 $N=151$	35-39歳 $N=115$	40-44歳 $N=106$	45歳以上 $N=157$	F値
仕事への積極性	4.20（0.89）	4.26（0.75）	4.24（0.80）	4.32（0.81）	4.44（0.74）	ns
目標設定と実行性	3.76（0.94）	3.91（0.88）	3.97（0.81）	3.99（0.90）	4.03（0.78）	2.85*
改善への取り組み	3.84（0.93）	4.04（0.83）	3.99（0.89）	2.57（2.02）	2.75（2.02）	ns
仕事相手の尊重	4.27（0.71）	4.22（0.68）	4.20（0.75）	4.32（0.76）	4.29（0.80）	ns
臨機応変な態度	3.89（0.82）	3.92（0.74）	4.01（0.78）	4.01（0.78）	4.06（0.80）	ns
組織内での役割理解	4.02（0.83）	4.11（0.69）	4.30（0.60）	4.29（0.71）	4.26（0.88）	4.04**
ストレスの捉え方	3.69（1.01）	3.61（0.99）	3.90（0.81）	3.93（0.88）	3.93（0.84）	2.98*
企画原案・運営業務	2.65（1.39）	3.23（1.35）	3.15（1.34）	3.51（1.24）	3.48（1.36）	13.15***

$^*p<.05$, $^{**}p<.01$, $^{***}p<.001$

3. 結　果

表4-5　仕事への取り組みの多重比較結果（20歳代との比較）

質問項目	30-34歳	35-39歳	40-44歳	45歳以上
仕事への積極性	ns	ns	ns	ns
目標設定と実行性	ns	ns	ns	*
改善への取り組み	ns	ns	ns	ns
仕事相手の尊重	ns	ns	ns	ns
臨機応変な態度	ns	ns	ns	ns
組織内での役割理解	ns	ns	ns	*
ストレスの捉え方	ns	ns	ns	ns
企画原案・運営業務	*	*	*	*

$^{*}p<.05$

なお，表4-5にはTukeyの多重比較による結果を示した。「20歳代」との比較において目標設定と実行性および組織内での役割理解は「45歳以上」の間で，企画原案・運営業務は「30歳以上」のすべての年齢群間で有意差がみられた。

②役職の有無との関連性

表4-6には役職の有無別に8項目の設問（仕事への積極性，目標設定と実行性，改善への取り組み，仕事相手の尊重，臨機応変な態度，組織内での役割理解，ストレスの捉え方，企画原案・運営業務）との関連性についてのt検定

表4-6　仕事への取り組みの役職有無別平均値およびt値

質問項目	役職なし N=622 平均値(SD)	役職あり N=157 平均値(SD)	t値
仕事への積極性	4.23 (0.83)	4.45 (0.70)	3.03**
目標設定と実行性	3.80 (0.91)	4.16 (0.75)	4.97***
改善への取り組み	3.87 (0.92)	4.19 (0.79)	3.99**
仕事相手の尊重	4.28 (0.74)	4.28 (0.64)	ns
臨機応変な態度	3.92 (0.80)	4.03 (0.76)	ns
組織内での役割理解	4.09 (0.79)	4.30 (0.73)	2.98*
ストレスの捉え方	3.76 (0.94)	3.78 (0.97)	ns
企画原案・運営業務	2.76 (1.35)	3.87 (1.25)	9.48***

$^{*}p<.05$, $^{**}p<.01$, $^{***}p<.001$
（最大有効回答数は，役職なし590，役職あり144）

の結果を示した。仕事への積極性，目標設定と実行性，改善への取り組み，組織内での役割理解，企画原案・運営業務で有意差がみられた。有意差がみられたこれらの項目すべてにおいて「役職者」の得点が高い傾向を示していた。

4．考　察

（1）教育内容への満足感
①年齢との関連性
　対象者の年齢と大学の教育内容への満足感との関連性について検討した結果，すべての項目において「20歳代」の平均値が最も高く，「45歳以上」の平均値が最も低かった。また，多重比較によって「20歳代」と「45歳以上」との間の差異は明白であった。この結果については，以下の事情が背景にあったと考えられる。

　卒業後間もない「20歳代」の卒業生の在学していた時期には，学部・カリキュラム編成の改変が行われていた。愛知淑徳大学では，1975（昭和50）年の開学以来，教育環境の整備のために様々な取り組みがなされてきている。現在の体制となるまでには，1992（平成 4）年にカリキュラム再編を実施し，健康科学教育センター，情報科学教育センターを開設した。また，1995（平成 7）年 4月には男女共学化（現代社会学部455名〈うち男子学生115名〉，文学部738名〈うち男子学生73名〉）を果たし，複数学部を擁する大学へと拡大した。

　このような変化のなか，建学の精神である「十年先，二十年先に役立つ人材の育成」の継承を目指した。これをより具体的，現実的に達成していくために，男女共学化のスタートとともに「違いを共に生きる」という理念を掲げ，この理念を実現するためのテーマとして「地域に根ざし，世界に開く」「役立つものと変わらないものと」「たくましさとやさしさを」の三つを掲げた。さらには，国際化社会，生涯学習社会，情報化社会への対応を目指して，各種外国語教育や国際交流，ジェンダー・女性学研究所の開設，コンピュータ教育などに代表される資格教育とボランティアをはじめとする体験教育の充実，キャンパスのバリアフリー化など様々な教育体制の確立と教育実践に取り組んできた。カリキュラムは，二つの柱で編成され，実社会の様々な分野で役立つ実践的な力と，

どんな時代にも変わることなく必要とされる普遍的な力の育成を目指している。この専門教育と全学共通教育の二つの学びを有機的に組み合わせることにより，すべての学生が，課題発見能力や問題解決能力，コミュニケーション能力などを養いながら，それぞれの目標や進路に即した資格，スキル，語学力などを同時に身につけることができるように構成されている。

　我々はこれまでの研究において，大学生活における全体的な満足感は，対人関係面や教育環境面ばかりではなく，学問への期待やイメージが大きく影響を及ぼし，さらに大学生活における全体的満足感は学部への満足感に大きな影響を及ぼすことを明らかにした。また，大学生活の満足感を高めるには，教育・指導体制が与える影響が大きく重要であることを示した（安田・若杉・榊原，2007）。一方，溝上（2004）は「現代学生論」において，学生自らが役立てることのできる知識やスキルを学ぼうという意欲を持たせること，学びそのものの価値を認めさせることが重要であると述べている。

　したがって，「20歳代」において教育内容への満足感が高いのは，どんな時代にも変わることなく必要とされる普遍的な力の育成を目指し，「違いを共に生きる」という理念のもと，学部・カリキュラム編成の改変に伴う授業内容の工夫，授業アンケートの実施などの「教育の質保証」のための取り組みが満足感を高くするという効果につながっているのではなかろうか。一方，「45歳以上」は，短大のみであった本学園に大学が創設された黎明期の卒業生であり，「30～34歳」の卒業生は愛知淑徳大学が女子大から男女共学になり，学部の編成などが変わった時期の学生であった。すなわち，学部・カリキュラム編成や授業内容が試行錯誤の状況にあったことが，大学の教育内容の満足感に影響を及ぼしていたのではないかと推察される。

②役職の有無との関連性

　役職の有無と大学の教育内容への満足感については，すべての項目において「役職なし」で高く評価されていた。この結果は，専門的な学習とコンピュータ活用スキルの習得に関連する大学教育がキャリアの初期段階で有効活用されていることを反映するものであろう。

(2) 仕事への取り組み

①年齢との関連性

対象者の年齢と仕事への取り組みとの関連性について検討した結果，8項目すべての平均値が低かったのは「20歳代」であり，「45歳以上」で高い傾向があった。シャイン（Schein, E. H.）は組織内での人びとのキャリア発達段階を6つの段階にまとめている。16～25歳は，「仕事世界参入」の期間で，組織のメンバーとなり，職場に適応していくことが中心課題となる。25～45歳は，中堅社員として仕事上で高い専門性と責任を担う「中期キャリア」の期間であり，とりわけ注目されるのが「キャリア危機」である。すなわち，当初の自分の夢や野心と比較して，今の現実や将来の可能性を考え，現状維持か，キャリアを変えるか，あるいは新たな仕事に進むかを決定する期間である（Schein, 1978）。

「20歳代」は，組織内での仕事経験を通じ，職業人としての「基本訓練段階」が行われる段階であり（平井，2009），上司からの指示に従って仕事を行うことが多いので8項目すべての平均値が低くなっているのではなかろうか。一方，「30～34歳」は，他のどの年代よりも「改善への取り組み」の平均値が最も高いものの，「ストレスの捉え方」の平均値が最も低かった。「30～34歳」の年齢にある卒業生の多くは，「中期キャリア」の時期であり，組織の中でアイデンティティを確立し，自分自身のみならず，他者を含めた仕事への責任を引き受け，仕事の改善に取り組んでいこうという意欲はあるものの，改善のためには様々なストレスが多く，それを成長の機会とは捉え難くなっているのではないか。

ところで，仕事への取り組みに関する目標設定と実行性，組織内での役割理解，企画原案・運営業務の3項目は，職務遂行能力の諸要素と関連が深い。したがって，これらの項目と年齢との関連性が明確にみられたという結果は，社会人として積み重ねてきた職務遂行経験によって形成された職務遂行能力が向上したものという解釈も可能である。

②役職の有無との関連性

役職の有無と仕事への取り組みの自己評価については，「目標設定と実行性」

「改善への取り組み」「組織内での役割理解」「企画原案・運営業務」の4項目において，「役職あり」で有意に高く評価された。

シャインによれば，40歳〜定年は，「後期キャリア」の期間で，リーダーすなわち管理者・経営者として，高い責任と権限を持ち組織の重要な仕事をこなす期間である（Schein, 1978）。したがって，「役職あり」で有意に高かった4項目は，高い責任と権限を持ち組織の重要な仕事をこなすことを求められる応用的な能力であり，平均値が高くなっているのではなかろうか。

なお，この現象は，前項で年齢との関連性を職務遂行能力向上の結果と解釈したことと軌を一にしている。すなわち，組織における責任と権限を持った役職者としての職務経験は，職務遂行能力向上に大きく寄与していることが推察できる。

一方，仕事相手の尊重，臨機応変な態度，ストレスの捉え方は役職の有無によって差はみられなかった。これは，経済産業省が提唱している社会人基礎力（前に踏み出す力：アクション；主体性，はたらきかけ力，実行力，チームで働く力：チームワーク；発進力，傾聴力，柔軟性，状況把握力，規律性，ストレスコントロール，考え抜く力：シンキング；課題発見力，計画力，創造力）に含まれるものと類似しており，役職の有無に関係なく社会人として必要とされる基礎的な能力であると考えられる。しかしながら，役職の有無によって社会人の基礎的な能力の質は異なると推測され，今後は役職別に自由記述による質的検討が必要であろう。

キャリア教育には，社会の習慣やルール，規範を身につけ，一人の人間として適切に行動できることを目指す社会化の観点と自分の持ち味を活かしていく個性化を伸長するという観点が考えられ，この2つの観点の育成と調和が行われるべきであると浦上（2010）は指摘する。しかしながら，個性化の伸長は生涯続くものである。スコットとハタラ（Scott & Hatalla, 1990）は，1959年あるいは1960年に大学を卒業した50歳前後の女性300名の被調査者のうち，解析対象となった94名の女性から得られた調査データを解析した。その結果，自分のキャリア形成において影響のあった要因は，「スキルや能力の自覚」「興味の知覚」「教育レベル」「知的水準の自覚」「家族・コミュニティ・文化」「予期せぬ個人の出来事」「仕事に関連した要因」「十分な教育資金」「就職可能性」

などであったと指摘している（χ^2検定，$p<.05$）。

　現在行われているキャリア教育において，個性化の伸長を視野に入れた大学卒業後にも有用な教育が実際になされているであろうか。あるいは，大学における「教育効果の質保証」としてのキャリア教育については何が必要であろうか。本研究の結果，キャリアの初期とキャリアの後期では必要とされる基礎的能力が異なる可能性が示唆され，キャリアの初期においては大学における各種のスキル関連教育に効果があることが推測された。スーパー（Super, 1996）は，ライフ・スペース（ライフ・キャリア・レインボー）において，キャリアを単なる職業だけではなく，個人が経験する多様な役割とその取り組み方によって構成されるとしている。個々人の役割は個人的な要因だけではなく，社会環境的要因によって決定されるが，役割に対する個人の認知や価値づけがいかなるものかは個人が決定するものであり，その人ならではの人生，つまりキャリアを構成していると述べている。このことから，学生のうちに自分の5年，10年後の人生設計を描いていくことからキャリア教育は始まっており，キャリア教育と日々の授業がバランスよく機能するように教育内容を工夫していくことが社会化，個性化の伸長につながり，大学卒業後のキャリア発達の効果として現れてくるのではないだろうか。キャリアを職業面でのキャリアに限らず，角山（2011）に倣い「人が生涯を通じて形づくる役割や生き方」と捉えるならば，大学は高等教育機関であり，職業訓練校とは異なるアカデミックかつ多角的な視点からのキャリア教育の在り方が求められるであろう。

第5章 卒業生に映った母校の大学像

1. 研究の問題および目的

　田中毎実（2011）によれば，「我が国の学校教育制度全般は，長期的構造的文化的な危機に直面している。この原因は，持続的に経済成長を達成してきた成長社会が，停滞的な成熟社会へと，急速に変貌を遂げたことにある。（中略）停滞的な成熟社会への移行にともなって，学校複合体は，（中略）深刻な機能障害に直面した。学力不振，不登校，いじめ，学級崩壊，校内暴力などである。これらの機能障害をもたらしたのは，学校複合体の根源的な内的駆動力の消失であり，わけても児童生徒の全存在的な教授・学習からの撤退である」などの教育における具体的な危機が指摘されている。

　序章で記述したように，1991年の大学設置基準の「大綱化」とともに，大学には「自己点検・自己評価」が義務づけられた（文部省，1991）。さらに，FDが2008年から義務化され，各大学において「教育の質保証」のための様々な方策が試みられている。ところが，「FDには，無意味感，徒労感，忌避感が強く，特殊な活動様式が形式化形骸化された所産，日常の教育活動とは別ものとしてのイベントとして捉えられることが少なくない」（田中毎実，2011）という問題がある。

　社会が大学卒業生に期待する能力も変化している。厚生労働省は就職基礎能力を，経済産業省は社会人基礎力を，文部科学省は学士力を大学卒業生に求めている。ところが，これらの期待される能力を習得させるのに効果的な大学教育については，各大学がそれぞれに模索中であり，社会の要請に答えうる教育態勢が十分に整っているとは言い難い現状である。また，これらの教育効果を

測定するための尺度も開発途上段階であるが,「教育の成果は卒業生のキャリアに体現されるはずである」という指摘もある（吉本,2007,榊原・安田・若杉,2012)。

　我々は,第2章において,大学生の学生生活への満足感および教育・指導体制が及ぼす学生生活への満足感への影響について検討してきた。その結果,大学生の学生生活への満足感は,学部に対する満足感との関係性が強く,学問への期待が大きな影響力を持っていることが示された（安田・若杉・榊原,2007)。

　さらに,第3章において,「授業内容」「学修態勢」「授業選択自由度」の3因子が,大学生活の満足度に強い影響を与える教育・指導体制であることも示された（安田・若杉・榊原,2009)。また,第4章において,卒業生のキャリア（仕事への取り組み状況）と在学中の教育の振り返りの観点から教育効果を検討した結果,キャリアの初期には各種スキルに関連した教育に効果がある可能性が示された（榊原他,2012)。

　一方,「教育の質保証」を念頭に置いたとき,学生による授業アンケートへの回答が学生の成長と対応しているのかは不明である。学生たちの成長に影響を及ぼす要因として,授業以外の様々な活動,たとえば,クラブ活動,部活動,ボランティア,アルバイトなどからの影響が成長に及ぼす側面は少なくない。

　そこで本章では,社会の要請に的確に応えうる大学教育とは何かを探る目的で,卒業生を対象に調査を実施した。具体的には,母校の卒業生でよかったこと（メリット）および母校の伝統について調査した。

2．方　法

(1) 質問紙調査

　本章で分析された質問項目は「愛知淑徳大学の卒業生で良かったと思うことがあれば,それはどのようなことですか？」「『愛知淑徳大学の伝統』を感じるもの（こと）があれば,それはどのようなもの（こと）ですか？」の2項目である。いずれも自由記述法にて回答を得た。なお,これらの質問項目は,第4章で分析した調査紙調査票に含まれる2項目である。したがって,調査対象者

および調査方法は第4章に準ずる。

(2) 解析方法

自由記述の解析にはIBM SPSSのText Analysis for Surveys 3.0.4を用いた。設問の意図に沿わないもの，「分からない」「なし」などを解析対象外として，キーワードを抽出した。また，「良い」と「よい」のような表記揺れ，「話題」「会話」「ネタ」などの類義語は「会話・話題」のような同一の語に置換した。得られたキーワードのうち頻度5以上（閾値＝5以上[1]）を対象に，カテゴリカル主成分分析を実施した。また，カテゴリカル主成分分析で得られたカテゴリ・スコアを用いてクラスター分析（抽出法にWard法，測定方法に平方ユークリッド距離による）を実施し，キーワード間の関係性を客観的に判別した。さらに，「良い（メリット）」「伝統」のそれぞれについて共起する関係を調べるために，カテゴリカルWeb（有向レイアウト）で図示した。

3．結　果

(1) 愛知淑徳大学の卒業生で良かったと思うこと（メリット）

メリットは，回収された988通のうち，「無記入」288通，「ない」59通を除く，641通（64.9％）を解析した。抽出されたキーワード数は49個で，閾値が5以上のキーワード数は47個であった。上位10位までのキーワードを表5-1に示し，知名度（234件），友人との出会い・絆・交流（208件），就職活動・仕事（アルバイト含）での利点（100件）の順にキーワード件数[2]が多いことが分かった。その後，閾値5以上のキーワードを対象にカテゴリカル主成分分析を実施し，分析の結果得られたカテゴリ・スコアを表5-2に示した。

カテゴリ・スコアを用いてクラスター分析をした結果，メリットは8つのクラスターで構成されることが分かった。図5-1は，カテゴリ・スコアをプロッ

---

1) テキストマイニングにおける慣例に従い，ここでは，分析対象とする頻度の下限値のことを閾値と示す。
2) 同一のケースが複数のキーワードに該当することがあるため，回答者数（ケース数）と区別するためにキーワード件数と表現した。

表5-1 閾値5以上のキーワード数（メリットの上位10位）

良い（メリット）

キーワード	度数
知名度	234
友人との出会い・絆・交流	208
就職活動・仕事（アルバイト含）での利点	100
教員との出会い・尊敬・交流	89
講義内容	89
地元	79
学生時代の生活	77
同窓会（先輩・後輩）	63
誇る・自信	51
楽しい	49

表5-2 メリットのカテゴリ・スコア

良い（メリット）

キーワード	I	II
知名度	-.51	-.17
友人との出会い・絆・交流	.48	.09
楽しい	.45	-.09
学生時代の生活	.45	-.09
教員との出会い・尊敬・交流	.42	.12
充実・恵まれた	.41	.05
講義内容	.41	-.11
地元	-.35	-.22
ゆとり	.32	.00
施設・環境	.32	.01
ゼミ	.26	.01
誇る・自信	-.24	.19
自由	.23	-.09
職員との出会い・交流	.23	.06
レベルの高い	-.23	-.03
女子大	-.22	-.13
信頼	-.20	-.18
学び・知識の活用	.19	.01
伝統	-.18	-.11
学部・学科	.16	-.05
お嬢様・裕福	-.16	-.13
心の支え	.15	.12
宝物・財産	.15	.13
勤勉・努力	.15	-.09
就職活動・仕事（アルバイト含）での利点	-.15	-.01
海外研修・留学	.13	-.05
同じ目標・興味	.12	-.03
サポート制度	.12	-.06
褒められる	-.12	-.03
おだやかな空間・幸せな時間	.11	-.07
親近感	.10	.13
女性らしさ	.10	-.06
活躍	-.10	.76
同窓会（先輩・後輩）	-.07	.68
拡張・発展・先見性	-.22	.50
意欲	.06	.33
嬉しい	-.12	.26
存続	-.08	.24
成長	.16	.20
強いつながり	.14	.19
品格・礼儀	-.02	-.14
会話・話題	-.08	.12
人柄	.07	-.08
資格取得	.03	-.07
自己の確立，行動・発言力	.04	-.02
温かさ・優しさ	.04	.01
四大卒業	-.04	.02

3. 結 果

トし，次元Ⅰを全体的－個人的，次元Ⅱを進展・発展－継承と解釈した。次に，クラスター分析の結果に基づいて関係性が強いキーワードを線で囲い，クラスターの解釈をした。クラスター1は，「楽しい」「学生時代の生活」「講義内容」「教員との出会い・尊敬・交流」「友人との出会い・絆・交流」「充実・恵まれた」で構成された。これらは，日常的な人間関係に関わる内容のため「コミュニケーション」と名付けた。クラスター2は，「職員との出会い・交流」「ゼミ」「学び・知識の活用」「ゆとり」「施設・環境」「自由」で構成された。これらは，学生の学習環境に資する内容を示すため「教学態勢」と名付けた。クラスター3は，「勤勉・努力」「学部・学科」「海外研修・留学」「サポート制度」「おだやかな空間・幸せな時間」「女性らしさ」「同じ目標・興味」「自己の確立，行動・発言力」「温かさ・優しさ」「人柄」「資格取得」「品格・礼儀」で構成された。これらは，愛知淑徳大学の学風を示す内容のため「校風」と名付けた。クラスター4は，「強いつながり」「成長」「宝物・財産」「心の支え」「親近感」「意欲」で構成された。これらは，精神面での価値を示す内容のため「マインド」と名付けた。クラスター5は，「四大卒業」「会話・話題」「存続」「嬉しい」「誇る・自信」で構成された。これらは，当該大学の大学理念および実現テーマの結果を示す内容のため「伝統・歴史」と名付けた。クラスター6は，「知名度」「地元」で構成され，「評判」と名付けた。クラスター7は，「お嬢様・裕福」「伝統」「女子大」「信頼」「就職活動・仕事（アルバイト含）での利点」「褒められる」「レベルの高い」で構成された。これらは，当該大学・学園で受け継がれている学園全体に対する印象を示す内容のため「学園イメージ」と名付けた。クラスター8は，「同窓会（先輩・後輩）」「活躍」「拡張・発展・先見性」で構成された。これらは，当該大学における理念に基づいて継承されている内容を示すため「大学理念・実現テーマ」と名付けた。

　良い（メリット）と共起するキーワードの検討のために，「愛知淑徳大学の卒業生で良かったと思うこと」の自由記述を用いて，言語学的手法に基づくカテゴリの作成を実行した。その結果，良い（メリット）の回答件数が94件であることが分かった。次の段落をつなげる。図5-2には，12以上の閾値を持つキーワードと良い（メリット）の共起関係を有向レイアウトによるカテゴリカルWebグラフで示した。カテゴリカルWebグラフからは，良い（メリット）は，

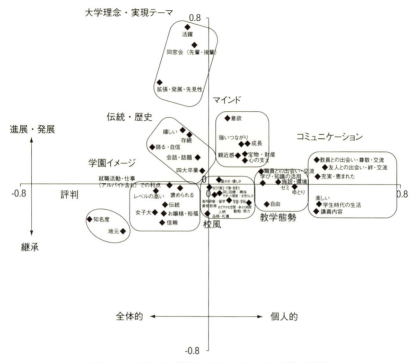

図 5-1　メリット（閾値 5 以上）のキーワード間の関係

今（現在）にも通じる教員との出会い・尊敬・交流が共起関係にある軸であり，学生時代の生活および友人との出会い・絆・交流に関する軸，講義内容に関する軸，知名度，地元，就職活動・仕事（アルバイト含）での利点が共起する軸の 4 つの共起する側面があることが明確に示された。

（2）愛知淑徳大学の伝統を感じること

　伝統は，988 通のうち，「無記入」399 通，「ない」「分からない」594 通を除く，394 通（39.9％）を解析した。抽出されたキーワード数は 43 個で，閾値が 5 以上のキーワード数は 40 個であった。上位 10 位までのキーワードを表 5-3 に示し，知名度（122 件），同窓会・同窓生（92 件），品格・しなやかさ（47 件），女子大・女性教育・女性優勢（46 件）の順に回答数が多かった。その後，閾

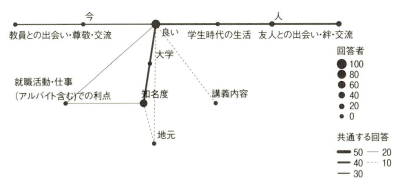

図5-2 "良い"(メリット)のカテゴリカルwebグラフ

表5-3 閾値5以上のキーワード数(メリットの上位10位)

伝統	
キーワード	度数
知名度	122
同窓会・同窓生	92
品格・しなやかさ	47
女子大・女性教育・女性優勢	46
好評価・評判・期待	28
拡張・発展	25
年配	24
活躍・社会的実績	22
たくさん・多い	22
歴史・沿革	21

値5以上のキーワードを対象にカテゴリカル主成分分析を実施し，分析の結果得られたカテゴリ・スコアを表5-4に示した。カテゴリ・スコアを用いたクラスター分析の結果からは，伝統は7つのクラスターで構成されることが分かった。

図5-3は，カテゴリ・スコアをプロットし，次元Ⅰを組織的気風―個人的気風，次元Ⅱを学園の伝統―学生の伝統として解釈した。クラスター分析の結果を基に関係性が強いキーワードを線で囲い，クラスターの解釈をした。クラスター1は，「クラブ活動・部活動」「教員」「嬉しい・楽しい」「淑徳魂・愛校心」「大学よりも中学・高校」「質実剛健・質素」「教養・常識的」「個の確立」

表 5-4 伝統のカテゴリ・スコア

伝　　統		
キーワード	I	II
おだやかさ	.53	-.29
人柄・態度・姿勢	.49	-.16
雰囲気・校風	.43	-.29
一生懸命	.43	-.36
前向き・あきらめない	.42	-.31
努力・勤勉	.41	-.04
才色兼備・良妻賢母・清楚	.40	.03
品格・しなやかさ	.37	.13
思いやり・優しさ・感謝	.37	-.17
真面目・堅実さ	.32	-.01
自由・のびのび	.28	-.25
大学よりも中学・高校	.27	-.08
女子大・女性教育・女性優勢	.25	.14
質実剛健・質素	.23	-.09
教養・常識的	.23	-.05
教員	.20	.00
淑徳魂・愛校心	.17	.01
クラブ活動・部活動	.21	-.01
嬉しい・楽しい	.14	.03
知名度	.13	.56
同窓会・同窓生	.41	.54
好評価・評判・期待	.22	.43
活躍・社会的実績	.30	.36
年配	.04	.35
たくさん・多い	.23	.32
誇り・自信	.16	.28
信頼	.21	.26
つながり・継承	.14	.24
歴史・沿革	.08	.20
話題	.18	.19
個の確立	.17	-.19
お嬢様・裕福な	.09	.15
先駆的・チャレンジ・行動力	.05	-.10
拡張・発展	.03	-.10
中学・高校・大学	.09	.09
大学祭	.03	-.07
教育・授業内容・ゼミ	.03	-.06
キャンパス環境（校舎・施設）	-.03	-.05
存続	.01	.02
理念	.01	-.02

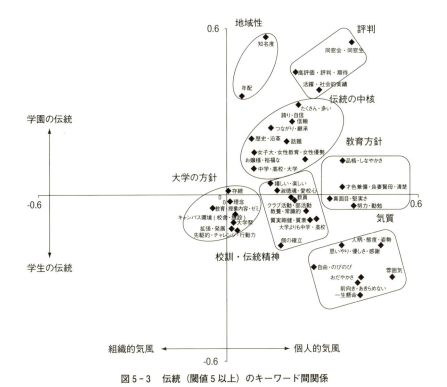

図5-3 伝統（閾値5以上）のキーワード間関係

で構成された。これらは，「淑徳魂」「質実剛健」などのキーワードに代表されるような愛知淑徳大学における校訓や伝統精神に関連する内容を示しているので「校訓・伝統精神」と名付けた。クラスター2は，「才色兼備・良妻賢母・清楚」「努力・勤勉」「真面目・堅実さ」「品格・しなやかさ」で構成された。これらは，愛知淑徳大学の伝統精神から校訓へと通じる教育方針に関する内容を示しているので「教育方針」と名付けた。クラスター3は，「教育・授業内容・ゼミ」「大学祭」「先駆的・チャレンジ・行動力」「拡張・発展」「理念」「存続」「キャンパス環境（校舎・施設）」で構成された。これらは，教育方針に限らず，理念および愛知淑徳大学の在り方に関する内容を含んでおり，「大学の方針」と名付けた。クラスター4は，「思いやり・優しさ・感謝」「自由・のびのび」「前向き・あきらめない」「雰囲気・校風」「一生懸命」「人柄・態度・姿勢」「おだ

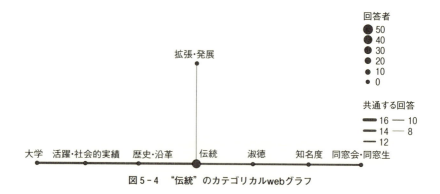

図5-4 "伝統"のカテゴリカルwebグラフ

やかさ」で構成された。これらは，愛知淑徳大学に在籍した学生の特性に関する内容を示すため「気質」と名付けた。クラスター5は，「歴史・沿革」「お嬢様・裕福な」「中学・高校・大学」「女子大・女性教育・女性優勢」「話題」「誇り・自信」「つながり・継承」「信頼」「たくさん・多い」で構成された。これらは，愛知淑徳大学の伝統の中核的存在を担う内容を示すため「伝統の中核」と命名した。クラスター6は，「知名度」「年配」で構成され，主として東海地方を中心とする地域において当てはまる特徴的な内容を示しているので「地域性」と名付けた。クラスター7は，「好評価・評判・期待」「活躍・社会的実績」「同窓会・同窓生」で構成された。これらは，愛知淑徳大学出身者への社会的印象などに関する内容を示すため「評判」と名付けた。

伝統と共起するキーワードの検討のために，「愛知淑徳大学の伝統を感じること」の自由記述を用いて，言語学的手法に基づくカテゴリの作成を実行した。その結果，伝統の回答件数は47件であった。図5-4には，5以上の閾値を持つキーワードと伝統の共起関係を有向レイアウトによるカテゴリカルWebグラフで示した。伝統は，大学，活躍・社会的実績，歴史的・沿革，淑徳，知名度，同窓会・同窓生に至る直線のほぼ中心に位置し，拡張・発展は別軸を形成していることが示された。

4. 考　察

　卒業生が母校の卒業生で良かったこと（メリット）を感じているのはどのような側面についてなのか，あるいは母校の伝統をどのように感じているのかについて，自由記述回答を用いたキーワード抽出を試みた。その結果，表5-1に示すように，どちらの設問においても最も回答件数の多いキーワードは「知名度」であった。メリットは，学生時代からの友人および教員との人間関係，講義内容，現在にもつながる誇りや自信，同窓生（先輩・後輩）といった側面に当該大学の良さを強く感じていることが推測された。伝統については，同窓会・同窓生の活躍などを通して，そのつながりを強く感じている様子が窺われた。

　次に，抽出されたキーワードを用いてカテゴリカル主成分分析やクラスター分析を試みた結果から，メリットは，「コミュニケーション」「教学態勢」「校風」「マインド」「大学理念・実現テーマ」「評判」「学園イメージ」「伝統」の8つのクラスターで構成されることが示された。これらの結果は，我々の一連の研究（2007，2009）で得られた結果と類似の構造をしている。たとえば，「教学態勢」は「学修態勢」（第3章）や「サポート制度」および「学食・購買」から成る「便益」（第2章）に共通する構成要素がみられる。また，「コミュニケーション」および「教学態勢」は，第2章で紹介した研究で想定された概念であるソフト面とハード面にそれぞれ対応し，大学生活への満足度に強く影響した「授業内容」「学修態勢」「授業選択自由度」に関連する内容を含んでいる。さらにこれら二つのクラスターは，学生生活への満足感は「自由」「学生」「講義内容」に影響され，所属学部への満足は「講義内容」「サポート制度」「友人」に影響されることを示した内容を含み，「コミュニケーション」および「教学態勢」は大学生活への満足感と関連するクラスターとして解釈可能である。

　また，伝統については，「校訓・伝統精神」「教育方針」「大学の方針」「気質」「伝統の中核」「地域性」「評判」の7つのクラスターで構成されることが示された。さらに，伝統は，学園の伝統と学生の伝統および組織的気風と個人的気風の次元で表現される空間であり，とくに個人的領域において学園の伝統と学

生の伝統が展開される特性を示す結果が得られた。これらの結果は，伝統が組織的にというよりは，個人を通じて形成・継承されるものであるということを示唆している可能性がある。というのは，各クラスターを構成しているキーワードの中には校訓・伝統精神，教育理念などに基づく個人的特性に関する内容が多く示され，伝統というものを考察する際に，こうした特性を備えた個人が大切であることが示されているからであろう。

　続いて，関連性の深いキーワードを探る目的で，良い（メリット）および伝統のそれぞれについて，言語学的手法に基づくカテゴリの作成を実行した。その結果を用いて，メリットおよび伝統のそれぞれについてカテゴリWebグラフ（有向レイアウト）による解釈を試みると，メリットには4つの側面があること，伝統は，歴史，活躍・社会的実績，知名度および同窓会・同窓生と同じ軸上に位置し，拡張・発展が別軸に存在することが明らかになった。

　以上の結果を踏まえて，建学の精神に基づく自律的な私学教育の教育改善の方向性，在り方について考察してみたい。すでに第4章で取り上げたように，角山（2011）は「人が生涯を通じて形づくる役割や生き方」をキャリアと捉えている。スーパー（Super, Savickas, & Super, 1996）は，ライフ・スペース（ライフ・キャリア・レインボー）において，キャリアを単なる職業だけではなく，個人が経験する多様な役割とその取り組み方によって構成されるものとしている。大学は高等教育機関であり，職業訓練校とは異なるアカデミックかつ多角的な視点から，角山やスーパーが指摘する意味でのキャリア教育の在り方が求められているのではなかろうか。そして，そのキャリア教育の在り方および方向性を見定めるために，メリットと伝統は有用な示唆をもたらした。

　しかし一方で，「なし」「分からない」「未記入」などの解析対象外となった回答者率は，メリット35.1％，伝統60.1％であった。本来は，無回答のなかにもそれなりの理由や意見を持った卒業生がいる可能性はある。つまり，自由記述による回答は被調査者への負担が非常に大きいものであり，自由回答法による調査への回答率がおのずと低くなったことは十分に予想できる。とはいえ，たとえ十分な数の回答が得られなかったとしても，得られた自由記述のデータを子細に検討することによって，より実際的で有用な情報を得ることができたと言える。

卒業生から得られた自由記述データのテキストマイニングの結果は，愛知淑徳大学において大切にすべき「教育の質保証」を担う中核的な概念あるいは独自性を具体的に示した。すなわち，「卒業生の『生の声』」は，愛知淑徳学園における1世紀余にわたる沿革の成果として解釈できよう。

表5-5 自由記述例（愛知淑徳大学の伝統より抜粋）

表5-5には、伝統に関する自由記述の中から、愛知淑徳大学らしさとは何かを理解するために、品格、校風、淑徳魂・愛校心に関する記述例を示した。

● 「人柄・態度・姿勢」
○礼儀正しく、清く真面目に物事に取り組む姿勢を感じる。人々に信頼される人間性を持ち合わせている。大学を卒業された先輩方が社会で評価され、それが伝統になっていく。(50代・女性)
○人間としての基本、あいさつ、思いやり、感謝の心、など。(50代・女性)
○ひとりの人間として、確かな自分を持つことを学んだ。逆境にも強い。(40代・女性)
○地味だが、信頼できる人柄をもっている。(40代・女性)
○おっとりしているが、芯が強い人。(40代・女性)
○自ら積極的に学んでいく姿勢。(30代・女性)
○"人の温かさと居心地のよさ"(20代・女性)

● 「雰囲気・校風」
○『品』と『格』を感じる校風。(30代・女性)
○質実剛健な校風。(30代・女性)
○"違いを共に生きる"というモットーで、多様性を認める校風があった。(30代・女性)
○自由でのびのびとした校風、幅広い分野の講義があり、おもしろい。(20代・女性)
○おだやか・優しいなど。(20代・女性)
○何かとギクシャクしがちな現代社会に、こんなにもおだやかな時間が流れつつ、進歩することへの挑戦を続けるアグレッシブさがある場所があるとは!! と驚きの連続でした。(20代・女性)
○伝統を保ちつつも変化を求める姿勢が淑徳らしい。(20代・女性)

● 「品格・しなやかさ」
○礼儀正しかったこと。市バスを降りる時のあいさつ、服装等みだれていなかったこと。(40代・女性)
○卒業生の友人達は皆、思いやりがあり、礼儀正しく清楚です。(40代・女性)
○淑女でありつつ現代の社会に柔軟に対応できる人になること。(30代・女性)
○謙譲優雑 明朗快活。(30代・女性)
○卒業生が淑徳生としての自覚とプライドを持っている。仕事先でも大学名だけで好評価してもらえる。(20代・女性)

● 「前向き・諦めない」
○卒業生が前向きでたくましいことです。まさに淑徳魂。(50代・女性)
○友人が結婚してからも、それぞれに仕事をしたり、家事に励んだり、とても一生懸命で、前向きなところに感動を覚えます。しなやかで、かつしたたかなところ。(40代・女性)
○女性として、ひとりの人間として、確かな自分を持つことを学んだと思います。逆境にも強いと思います。(40代・女性)
○あきらめないこと。やりとげること。(30代・女性)

● 「真面目・堅実さ」
○まじめで努力家が多い。(40代・女性)
○あまり闘争心はなく、マイペースでまじめ、地道で質素堅実。(40代・女性)
○堅実に生きていこうとする精神(心)が学生生活を通して人に受け継がれている。(40代・女性)
○勤勉さ。入学前・在学中・その後ともに勤勉な人が多かったという印象は変わらない。結婚して子育て中に「まじめですごいな、努力家だ」と思っていた女性が、後日、同窓生とわかりイメージはさらに定着。(30代・女性)
○基本的にまじめで常識的。(20代・女性)

第6章　職務遂行能力の形成と育成

1．組織における能力

（1）組織と職場

　会社・学校・病院・役所・銀行・新聞社・放送局・図書館・美術館・劇場等々，現代社会は様々な組織を基盤として構築されている。その意味では，現代社会に生きる人々は，その人生のほとんどすべてにわたって，組織の成員として，あるいは組織と関わりながら過ごすと言ってよい。

　伝統的な組織理論に従えば，「組織とは，ある共通の明白な目的，目標を達成するために，分業や職能の分化を通じて，また権限や責任の階層を通じて，多くの人々の活動を合理的に協働させること」であり，「このような活動の結果として，成果が効率よく得られるように組み立てられた人の集まりである」(Schein, 1965)。本章で取り上げる組織は，職業活動が展開される場としての組織あるいは職務を遂行する場としての組織である。組織成員の職務遂行の場として，組織を構成する下位集団としての職場における活動をイメージすることが，より実際的であろう。すなわち，職務遂行能力に関して言及する場合に，職場における職務遂行の過程が重要な鍵となる。

（2）職務遂行能力

　辞書によれば，能力は「①物事をなし得る力。はたらき。②心身機能の基盤的な性能。『知的―』『運動―』（心理学用語）」（広辞苑第6版）と説明され，人間の備える，あるいは発達する蓋然性の高い，重要な機能の一つである。

　組織成員にとって必要な能力についての一般的説明として，筆者は次のよう

に考えている。「能力は，生得的素質と学習・教育・経験などの環境的要因との相互作用の結果，形成されるものと理解できる。人間の能力は，その活動領域によって，運動能力，生理的耐久力，言語能力，情報処理能力，認識能力，対人的能力などに区分される。組織成員としての個人に必要とされる能力は，様々な組織活動を通じてそれらが複合的に機能しながら獲得される能力と言えよう。この能力の個人差が組織における職務行動に影響を及ぼすことは明らかである。したがって，採用，配置，教育訓練などの，組織における種々の人事管理場面において，様々な観点から組織成員の能力の個人差が捉えられ，評価されてきた」(榊原，2004)。職務遂行能力について言及する場合，知的能力のみならず，運動能力，対人関係能力あるいは対人折衝能力など，心身の総合能力を想定すべきであり，用語としては能力 (ability) よりも技量あるいは技能 (skill) と表現する方が適切であるとも言えよう。

学校教育における学力について，梶田 (1999) は「学校教育において達成すべき教育目標が，児童・生徒のなかに内面化されている状態のことを学力と定義することが多い」と述べている。また梶田は，「何かの主題，テーマについて，比較的長い間にわたって勉強し続けると，(中略) 主題の知識をどう効果的に身に付けるか，いかに優れた学び方ができるか，ということを大人も，子供もたえず考えるものである。すると，自然に学習の方法，学び方の知識，すなわち『メタ認知』という高次の知識が自ずから育ってくる」と，日常の問題解決に必要な応用的学力を育てるために「メタ認知」を活かすことの重要性を強調している (梶田，2001)。このように考えると，学力は職務遂行能力の中核的概念として捉えられる。

2．職務遂行能力の分析

(1) 職務遂行能力測定項目

榊原・若林 (1990) が職務遂行能力の因子分析的研究を開始したのは1986 (昭和61) 年である。ある地方自治体の諮問機関として，同年12月に発足した，職員研修ビジョン研究会において，人材育成・能力開発に向けての長期的ビジョンおよび具体的方策の策定に取り組んだことがその契機である。我々は，この

研究会のメンバーとして，さらに厳しくなる社会環境に対して，地方行政組織としていかに対処していくべきかという観点に立ち，①地方自治体職員の住民から期待される像，②地方自治体職員に期待される役割，③その役割を果たすために必要な能力の順に検討を進めた。

まず，地方自治体職員の住民から期待される像として，①広い視野・高い専門能力を持った職員，②常に問題意識を持った職員，③創意あふれる職員，④チャレンジ精神旺盛な職員，⑤行動力のある職員，⑥使命感に燃え，サービス精神旺盛な職員の六つの要素を挙げ，能力開発・向上のねらいをそれらに集約した。しかし，この職員像は，全職員共通のものであるため，やや抽象的な表現にならざるを得ず，したがって，それぞれの職員の階層に応じて，期待される役割および能力が何であるかを明らかにしようとした。

一人ひとりの役割および必要とされる能力は，行政組織の高度化，多様化，専門化等に伴い多岐にわたって分化している。したがって，複雑・多様化した職務を個別に捉えるのでなく，一般行政職種に共通する標準的な階層である部長級（部次長級を含む），課長級，課長補佐級，主査級，および一般職員の五つの階層についてその役割と必要とされる能力を検討した。また，この五つの階層についても，部局庁・所属，職種等の違いにより数多くの職務があるため，本庁の部長，課長，課長補佐，主査および主事・技師を，代表的かつ標準的職務として捉えた。

このような検討の結果，先験的に作成された職務遂行能力評価調査項目を表6-1に示す。これらの項目は，上記の主査級から課長級を念頭に置いた職務遂行能力測定調査項目である。

（2）管理能力の因子分析的研究

我々は，様々な階層にある地方自治体職員を対象に質問紙調査を実施した。調査票作成に際し，被調査者の評定上のバイアスを避けるため，能力項目の提示のみでなく，その内容を実際の職務遂行状況に即して2～3行で説明する方法をとった。すなわち，表6-1の「項目」と「内容」との両方を提示した。これらの項目に対し，調査対象者の所属する組織成員の能力の，現在備わっている程度（現有能力）と今後強化される必要の程度（強化能力）に関して評定

表6-1 職務遂行能力測定項目

項　　　目	内　　　容
1．一般知識	社会，経済，文化，科学等に関する広範な知識。
2．専門知識	担当分野に関する高度な専門知識・技能と関連分野に関する知識・技能。
3．課題の設定能力	将来の見通しに基づき広い視野に立って所属部署の基本的課題を明示することができる能力。
4．施策の企画・立案能力	効果的，具体的な施策を企画・立案することができる能力。
5．業務目標設定能力	自分で仕事の目標を見出し，自主的にそれに取組むことのできる能力。
6．実行計画作成能力	業務目標を達成するために仕事の手順を定め実行計画を作成することができる能力。
7．審査・点検能力	部下の業務内容を審査・点検し，問題を摘出することができる能力。
8．情報の収集・分析能力	業務に必要な情報を多方面から系統的に収集・分析するとともに，収集された情報の背景・問題点等を究明するとともに，収集された情報の背景・問題点等を究明することができる能力。
9．業務割当能力	部下に業務を割り当て指示・命令することができる能力。
10．進捗状況把握能力	業務全体の進捗状況を把握し，部下に適切な指導・助言をすることができる能力。
11．意見集約能力	会議等において効果的かつ円滑に意見を集約することができる能力。
12．方針伝達能力	上からの方針に基づき部署の方針を立て部下に的確に伝達できるとともに，適切な指導をすることができる能力。
13．部下評価能力	部下の業績・能力を客観的に評価し，部下の長所・短所を把握することができる能力。
14．部下指導能力	部下の能力を向上させるために業務を通じて計画的・継続的に教育・指導することができる能力。
15．部下の動機づけ能力	仕事に対する部下の意欲を刺激し，集団のモラールを向上させる能力。

16.	傾聴能力	不満，悩み，要望などを，部下の誰からも誠意を持って聴き，受容するとともに，部下に対し適切な助言等をすることができる能力。
17.	職場活性化推進能力	職場目標を明確にし，開放的で協働意欲の高い職場風土を率先してつくることができる能力。
18.	他部門との連携能力	自部門の情報や見解を関係他部門に提供し，他部門と連携して円滑に業務を進めることができる能力。
19.	責任性	上から指示されたり監督されなくても自己の職務を自ら責任をもって完遂することができること。
20.	積極性	常に自己啓発に努め，困難な業務や業務の改善に意欲的に取り組むことができること。
21.	実行力	計画を具体化し，実行に必要な条件を備え，計画実現に向け，物事を推進していく力。
22.	協調性	職場の上司，同僚等と連携・協力して行動することができること。
23.	感受性	上司，同僚，部下等の周囲の人の求めていることを敏感に感じとり，反応することができること。
24.	判断力	複数の案や問題点に関し，それぞれの重要度，緊急度，効果等を的確に判断することができる力。
25.	決断力	課題について自らの責任において明確に意思決定し実行することができる力。

尺度を用意した。現有能力に関する質問は，「あなたの所属する組織では，次のような能力が，課長補佐・課長クラスの職員に，現在，どの程度備わっていると思いますか」であり，評定尺度として，「5：備わっている，4：やや備わっている，3：どちらともいえない，2：やや欠けている，1：欠けている」の5段階尺度を用いた。一方，強化能力に関する質問は，「あなたの所属する組織では，課長補佐・課長クラスの職員に対し今後，どの程度強化される必要があると思いますか」であり，評定尺度として，「5：徹底的に強化する必要がある，4：非常に強化する必要がある，3：かなり強化する必要がある，2：少し強化する必要がある，1：現状のままでよい」の5段階尺度が用いられた。

様々な組織規模にわたる複数の地方自治体に勤務する職員の、主として主査級から課長級の中間管理者層を対象として行った調査データに基づき、中間管理者層の管理能力の構造を明らかにするために、前述の25項目の能力項目に関し、主因子法に続いてバリマックス回転による因子分析を施した。

表6-2は現有能力の因子分析結果であり、第Ⅰ因子から第Ⅳ因子までの各項目の因子負荷量を整理した結果である。四つの因子の中で第Ⅰ因子に最も高

表6-2 現有能力の因子分析結果

(N=155)

項　　目	第Ⅰ因子 組織力	第Ⅱ因子 企画・立案能力	第Ⅲ因子 統制能力	第Ⅳ因子 リーダーシップ	共通性
実行力	.83	.22	.17	.10	.78
積極性	.72	.26	.09	.33	.70
決断力	.70	.14	.33	.30	.71
責任性	.65	.17	.34	.25	.63
協調性	.62	.04	.39	.32	.64
判断力	.62	.04	.39	.32	.64
感受性	.49	.00	.44	.43	.62
課題設定能力	.12	.83	.17	.23	.78
企画・立案能力	.20	.77	.18	.23	.72
専門知識	.03	.76	-.01	.12	.59
業務目標設定能力	.32	.74	.16	.16	.70
一般知識	-.05	.64	.15	.23	.48
実行計画作成能力	.46	.62	.36	.02	.72
情報収集・分析能力	.43	.58	.25	.02	.58
審査・点検能力	.37	.49	.46	.16	.61
業務割当能力	.23	.15	.79	.18	.73
進捗状況把握能力	.30	.25	.75	.21	.77
方針伝達能力	.36	.20	.63	.33	.68
意見集約能力	.41	.31	.56	.04	.58
部下評価能力	.13	.28	.54	.52	.66
傾聴能力	.14	.20	.23	.69	.59
職場活性化推進能力	.37	.29	-.03	.68	.69
部下動機づけ能力	.29	.41	.31	.60	.72
部下指導能力	.23	.45	.38	.55	.71
他部門連携能力	.45	.10	.24	.52	.54
寄　　与	4.77	4.75	3.89	3.15	16.56

い因子負荷量を示した項目は,「実行力」「積極性」「決断力」「責任性」「協調性」「判断力」「感受性」の7項目であり，その他の項目のうち,.4以上の値を与えられているものが,「実行計画作成能力」「他部門との連携能力」「情報収集・分析能力」「意見集約能力」である。したがって，第Ⅰ因子は「組織力」と命名された。第Ⅱ因子に最も高い因子負荷量を示した項目は,「課題設定能力」「施策企画・立案能力」「専門知識」「業務目標設定能力」「一般知識」「実行計画作成能力」「情報収集・分析能力」「審査・点検能力」の8項目である。また，第Ⅱ因子の負荷量が最高ではないが,.4以上の値を示す項目は,「部下指導能力」「部下の動機づけ能力」の2項目であった。そこで，第Ⅱ因子は「企画・立案能力」と命名された。第Ⅲ因子に最も高い因子負荷量を示した項目は,「業務割当能力」「進捗状況把握能力」「方針伝達能力」「意見集約能力」「部下評価能力」の5項目である。また，第Ⅲ因子の負荷量が最高ではないが,.4以上の値を示す項目は,「審査・点検能力」「感受性」の2項目であった。したがって，第Ⅲ因子は「統制能力」と命名された。第Ⅳ因子に最も高い因子負荷量を示した項目は,「傾聴能力」「職場活性化推進能力」「部下動機づけ能力」「部下指導能力」「他部門との連携能力」の5項目であり，その他の項目のうち,.4以上の値を与えられているのが,「部下評価能力」と「感受性」であった。これらの項目は，主として部下を中心とする職場内の周囲の人々に対する対人関係能力を意味すると考えられるので,第Ⅳ因子は「リーダーシップ」と命名された。

　強化能力に関しては3因子が抽出された。表6-3は，第Ⅰ因子から第Ⅲ因子までの各項目の因子負荷量を整理した結果である。まず，第Ⅰ因子に最も高い因子負荷量を示した項目は,「協調性」「責任性」「実行力」「他部門との連携能力」「決断力」「感受性」「進捗状況把握能力」「積極性」「判断力」「方針伝達能力」「業務割当能力」の11項目である。また，第Ⅰ因子の負荷量が最高ではないが,.4以上の値を示していたのが,「実行計画作成能力」「業務目標設定能力」「傾聴能力」であった。この因子は，現有能力の第Ⅰ因子と第Ⅲ因子が結合されたものであり,「統率能力」と命名された。第Ⅱ因子に最も高い因子負荷量を示した項目は,「課題の設定能力」「一般知識」「施策の企画・立案能力」「専門知識」「業務目標設定能力」「実行計画作成能力」「情報の収集・分析能力」「審査・点検能力」の8項目であり，その他の項目中,.4以上の値を与えられ

表6-3　強化能力の因子分析結果

($N = 155$)

項　　目	第Ⅰ因子 統率能力	第Ⅱ因子 企画・立案能力	第Ⅲ因子 リーダーシップ	共通性
協調性	.81	.08	.21	.71
責任性	.79	.28	.26	.77
実行力	.75	.31	.34	.78
他部門連携能力	.67	.17	.38	.59
決断力	.66	.33	.36	.67
感受性	.62	.32	.40	.65
進捗状況把握能力	.60	.31	.35	.58
積極性	.59	.31	.42	.62
判断力	.59	.49	.30	.68
方針伝達能力	.58	.26	.48	.64
業務割当能力	.53	.29	.47	.59
課題設定能力	.24	.78	.28	.74
一般知識	-.01	.76	.17	.61
企画・立案能力	.29	.76	.20	.70
専門知識	.24	.73	.13	.61
業務目標設定能力	.42	.71	.22	.73
実行計画作成能力	.54	.67	.10	.75
情報収集・分析能力	.23	.64	.42	.64
審査・点検能力	.38	.52	.48	.65
部下評価能力	.21	.28	.78	.73
傾聴能力	.40	.07	.76	.75
部下動機づけ能力	.34	.18	.75	.71
部下指導能力	.36	.30	.70	.70
職場活性化推進能力	.35	.35	.62	.63
意見集約能力	.38	.44	.52	.61
寄　　与	6.37	5.46	4.99	16.83

ているのが,「判断力」「意見集約能力」である。この因子は,現有能力の第Ⅱ因子の内容にほぼ対応しており,「企画・立案能力」と命名された。第Ⅲ因子に最も高い因子負荷量を示した項目は,「部下評価能力」「傾聴能力」「部下動機づけ能力」「部下指導能力」「職場活性化推進能力」「意見集約能力」の6項目である。この因子は現有能力の第Ⅳ因子の内容にほぼ対応しているので,「リーダーシップ」と命名された。

以上の手続きを経て，課長補佐・課長クラス職員の職務遂行能力の因子構造を明らかにすることができた（榊原・若林，1990）。

3．職務遂行能力育成過程

（1）教育訓練と職務遂行能力向上

中間管理者を対象とする質問紙調査に基づく我々の研究において明らかになったのは次の諸点である。まず，現在備えている能力（現有能力）と今後強化すべき能力（強化能力）は3ないし4の因子から構成されていた。しかし，現有能力と強化能力の因子内容は基本的には同一であり，第一は日常業務を組織化し統率していく能力，第二は企画・立案を行う能力，そして第三は部下を指導し集団を活性化していくためのリーダーシップの能力であった。また，自治体の中間管理職の職務遂行能力のうち，今後，より強化が必要とされるのは，部下指導のためのリーダーシップであり，逆に，相対的にその必要性が低いものは，実務処理能力や本人の職務態度などであった。

吉川（1988）は，我々の明らかにした組織化・統率能力，企画・立案能力，リーダーシップ能力のような種類の能力を，「力動的能力」と呼んでいる。彼は，「知識，技能，体力のような基礎的能力がいかにすぐれていても，経験が不足していては仕事を十分に遂行することができない」とし，力動的能力を，基礎的能力と区別して，「いわゆる豊かな経験によって習熟する性質の能力」と特徴づけている。この考え方に沿って考察すれば，我々の指摘した能力は，主として，日常の職務経験によって培われる能力であると言えよう。しかし，これらの能力は，適切な教育訓練によっても育成され得ると考えられる。

そこで，我々は，この観点に立脚して，教育訓練と職務遂行能力向上との関連性に着目し，地方自治体職員が，能力開発を目的とする教育訓練に参加した結果，上記の能力に関する自己認知にどのような変化がみられるかどうかを明らかにしようとした。すなわち，教育訓練参加者の現有能力および強化能力の訓練参加後の自己認知は，訓練参加前に比べて差異がみられるかどうかを検討した。また，能力に関する自己認知の変化を規定する要因を明らかにすることを試みた。

調査対象者が受講した研修（教育訓練）の目的は，主査級中堅職員として，広い視野と地方行政に関する高度な知識および問題発見能力等を養い，監督者として必要な資質と能力の向上を図るというものであった。研修は，地方自治・情報化問題・高齢化問題・国際化問題・文化問題・都市の在り方などをテーマとする各2時間の講義と地方行政・経済・職場管理などについての各14時間の演習から成っており，幅広い領域をカバーするものであった。研修参加者はそれぞれ2日間の宿泊研修を約2週間間隔で2回にわたって受講することを求められた。参加者1名当たりの研修受講総時間は67時間にわたるが，この67時間中56時間が演習または討議によって占められており，この研修は実習や討議を中心とする，行動や態度の変容をねらいとする体験学習がその特徴であった。

　この研究において用いた質問紙調査票における，職務遂行能力要素は表6-1に示した測定項目である。調査対象者は，上述の研修に自主的に参加した，能力開発意欲の比較的高いと思われる，主査（係長）級職員である。分析対象者は，この研修に参加申し込みをした約120名のうち，2回の研修の閉講直前に質問紙調査への回答を求められ，2回の調査にすべて回答し，かつ有効回答者とみなされた98名であった。

　前節と同様に因子分析の手続きに基づいて，現有能力および強化能力に関して尺度を構成した。すなわち，第1回目の研修直前に実施した，主査（係長）級職員のデータによる，現有能力4尺度と強化能力4尺度である。各尺度は因子分析結果の第Ⅰ因子から第Ⅳ因子に対応させて，尺度を構成する項目内容の類似性により，「企画力」「統制力」「リーダーシップ」「実行力」（以上現有能力），「リーダーシップ」「統制力」「指導力」「企画力」（以上強化能力）と命名された。

　図6-1と6-2は教育訓練前・後の能力尺度得点の変化を図示したものである。全体に共通する結果として顕著な点は，教育訓練前のすべての尺度得点が教育訓練後に上昇していることである。現有能力では，得点変化の最も大きい尺度が「リーダーシップ」であるが，「企画力」「リーダーシップ」「実行力」の3尺度の訓練後の平均値は訓練前に比べると，いずれも有意に増加していた。一方，強化能力では，4尺度とも得点は増加しているが，その値は，0.1が最大となっており，いずれも有意確率5％未満の水準には達しなかった。

訓練効果（訓練後の得点変化）の年齢別の違いに着目してみると，全体として有意差が認められたのは現有能力の「統制力」においてのみであった。図6-3はこの結果を示したものである。この図によれば，相対的に若年の35-39歳層では統制力得点は訓練前の3.19から訓練後には3.47と0.28ポイント上昇している。これに対し高年齢の45-49歳層では，この値は訓練前の3.98から訓練

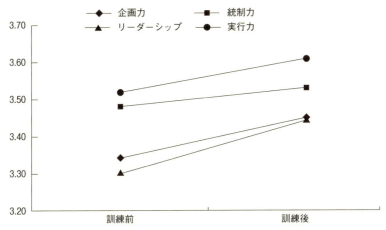

図6-1　訓練前と訓練後の能力尺度の変化《現有能力》

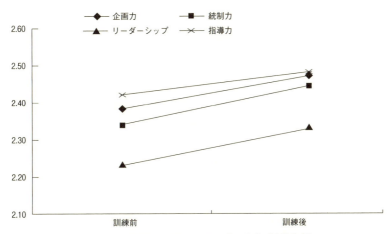

図6-2　訓練前と訓練後の能力尺度の変化《強化能力》

後の3.75へと，-0.23ポイントの低下を示している。一方，中間の40-44歳層では，訓練前後での変化は0.07とほぼ不変である。言い換えれば，「統制力」に関しては教育訓練の結果として，若年層では自信が強まり，高年齢層では逆にそれが弱まった結果として，訓練後には年齢による差が解消されてしまったのである。すなわち，訓練効果は若年の35-39歳層では現有能力を高める方向で作用するが，比較的高年齢の45-49歳層では，それを低める（ないしは不変の）方向で作用する結果となった。

　以上から明らかな通り，教育訓練効果は参加した主査の年齢層によって異なったものとなった。図6-4と図6-5はこの点をより明確にするため，訓練前と訓練後での，自己の現有能力と各能力の強化必要性の変化の大きさを図示したものである。まず図6-4の現有能力の変化をみると，45-49歳層では，実行力を除き，訓練後の現有能力は低下（マイナスの変化量）していることが分かる。すなわちこの層では，訓練を受けた結果として，自己の管理的能力の自己認知は低下してしまったのである。これに対し，他の層では訓練後は現有能力は高まり（プラスの変化），とくに若年の35-39歳で最も高い値を示している。一方，図6-5の強化必要性の変化に目を転ずると，訓練の結果としてすべての能力について強化の必要性を高く認める（高いプラスの値）ようになったグループは，45-49歳層であることが分かる。これに対し，相対的に若い他

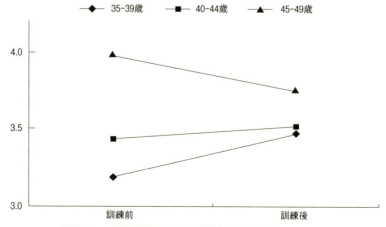

図6-3　年齢階層別にみた現有統制力得点の訓練前後での変化

3. 職務遂行能力育成過程　73

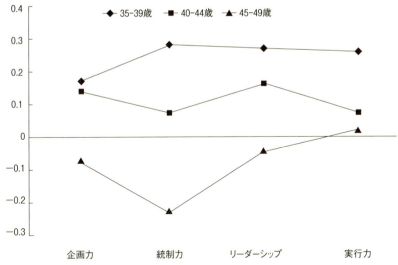

図6-4　年齢階層別にみた訓練前後での自己の現有管理的能力の変化量

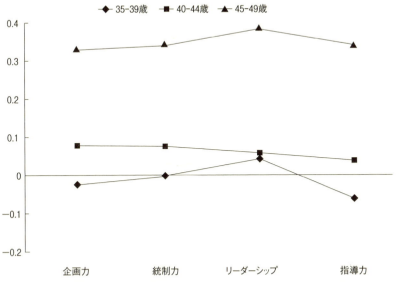

図6-5　年齢階層別にみた訓練前後での自己の管理的能力強化の必要性の変化量

の年齢層では，訓練の前後で強化の必要性はほとんど変化していない。

以上，図6-4と図6-5の結果から，①45-49歳の高年齢層の主査においては，教育訓練は今まで自分が備えていた現有能力の見直しと，その結果として自己能力評価を低下させていること，②これと呼応する形で45-49歳層では，訓練後すべての能力強化の必要性がより強く認識されるようになること，③他の相対的に若い年齢層では，訓練後能力強化の必要性は不変であるが，訓練の結果として自己評価は大きく高まる（特に35-39歳層）ことが明らかとなった。

この研究の示唆するところは，教育訓練の効果が無条件に期待できるわけではないということである。年齢という要素にとどまらず，受講者の様々な属性的条件，職場環境などを考慮した慎重な教育訓練計画が必要であろう。

（2）OJTと職務遂行能力向上

我が国の組織で用いられている，人材育成もしくは能力開発の主な手段は，職場内訓練（On-the-Job Training：OJT），職場外訓練（Off-the-Job Training：Off JT）および自己啓発の3種である（武田，2000）。職場内訓練は，業務に必要な知識・技能を，主として職場の上司や先輩が，教育的な配慮を加えながら業務遂行の過程で習得させようとする方法である。

能力開発手法としてのOJTが，わが国の組織において重視される度合いに比して，その有効性に関する検証が必ずしも十分とは言えないという状況下で，筆者は，組織成員の能力の伸長に及ぼすOJTの効果を直接的に検討しようと考えた。

本研究で用いた質問紙調査票の主たる内容は，これまでの研究においても用いてきた表6-1の職務遂行能力評価調査項目とOJTの内容に関する質問項目である。

能力向上に関する質問は「現在の職場での職場経験を通して，あなたご自身がどのように変化したと思いますか」である。提示された項目群は先に述べた能力評価調査25項目群であるが，各項目提示の際，その表現を一部変更した。たとえば，「一般知識が向上した」「企画・立案能力が向上した」というように，各能力項目の後ろに「～が向上した」という表現に統一した。いずれも「ひじょうにそう思う」から「まったくそう思わない」の5段階評定尺度によって回答

を求めた。

　もう一つの主要質問項目は，職場において経験したOJTの内容に関するものである。質問は，「最近5年間の職場におけるOJT（日常の職務遂行の場面で，業務に必要な知識・技能を，教育的な配慮を加えながら，業務遂行の過程で習得させようとする方法であり，主として職場の上司や先輩が行う研修）についておたずねします。なるべく一つの職場での経験についてお答えください」である。OJTの内容例としては，「なんでもまず，仕事を実際にやらせてくれた」「仕事に関連した知識・技能の実習を行った」「職場講習会を開催した」「よく見学会に行かせてもらった」「まとまりのある仕事を一貫して行わせてもらった」などであり，総計43種の項目を提示した。これらについて，「ひじょうにそう思う」から「まったくそう思わない」の5段階評定尺度によって回答を求めた。

　調査対象者は，地方自治体職員であり，入庁後10年目の大学卒職員と入庁後14年目の高校卒職員が受講対象となる吏員後期研修と，主査に昇格後2年目の職員を対象とする新任主査級研修のいずれかに参加した職員である。調査は研修実施期間中の約20分間を利用して一斉に実施され，記入後直ちに回収された。

　因子分析に基づき，能力向上に関する「業務推進能力」「職務遂行態度」「職場運営能力」の3尺度を設定した。一方，43項目がOJT内容項目としてランダムに提示されたが，すべての分析対象者の平均値が3.0に満たなかった項目が多数出現した。これらの項目の値の意味するところは，項目に示されている内容の働きかけが上司によって適切に行われているとは認められないということである。それらの項目を除外した後，最終的には16項目について再度因子分析を実施した結果，「職場指導」と「権限委譲」の2尺度が設定された。

　職務遂行能力向上の規定要因を探るために，3種の能力向上尺度を基準変数として，個人属性，OJT内容尺度を説明変数とする重回帰分析を実施した。その結果の標準偏回帰係数（β），t値，重相関係数（R）および調整済み重決定係数（R^2）を表6-4に示す。

　個人属性要因として，「業務推進能力」に対して有意な影響を示した属性は「所属部門（$\beta = .11$，$t = 2.43$，$p < .05$）」と「年齢（$\beta = -.15$，$t = -2.21$，$p < .05$）」

表6-4　能力向上3尺度を基準変数とした重回帰分析結果

	基準変数					
	業務推進能力 (N=482)		職務遂行態度 (N=482)		職場運営能力 (N=480)	
説明変数	β	t	β	t	β	t
性別	.06	1.20	.12	2.20*	.02	.35
所属部門	.11	2.43*	.07	1.54	.05	1.14
年齢	-.15	2.21*	-.06	.80	-.08	1.16
最終学歴	.01	.09	.07	1.23	.04	.70
公務員経験年数	.01	.07	-.06	.79	.00	.02
公務員以外経験	-.09	1.74	-.09	1.68	-.05	1.04
職場指導	-.07	1.38	.03	.62	.00	.06
権限委譲	.36	6.57***	.22	4.03***	.32	5.84***
重相関係数 (R)	.38		.31		.35	
調整済みR^2	.13	(F=9.71***)	.08	(F=6.37***)	.11	(F=8.08***)

*$p<.05$, ***$p<.001$

であった。「職務遂行態度」に対して有意な影響を示した属性は「性別($\beta=.12$, $t=2.20$, $p<.05$)」である。「職場運営能力」に対して有意なβを示す個人属性要因は見出されなかった。一方,「業務推進能力」「職務遂行態度」「職場運営能力」の3尺度に対して共通に有意な影響を示したOJT内容は「権限委譲($\beta=.36$, $t=6.57$, $p<.001$; $\beta=.22$, $t=4.03$, $p<.001$; $\beta=.32$, $t=5.84$, $p<.001$)」であった。一方「職場指導」は能力向上3尺度のいずれに対しても有意な影響は示されなかった($\beta=-.07$, $t=-1.38$; $\beta=.03$, $t=0.62$; $\beta=.00$, $t=0.06$)。

部下によって比較的ポジティブに受け止められていたOJT内容は,上司の仕事に対する態度,部下への直接指導および部下に対する職務機会や場の提供であった。これらは職務配分(組織化)や指示命令といった上司による日常の管理行動そのものであるといってよい。

しかし,重回帰分析の結果,3種の能力向上尺度すべてに対して有意な正の効果を示したOJTは「権限委譲」であった。一方,「職場指導」はいずれの能力向上尺度に対しても有効ではなかった。この結果は,部下に仕事上の模範を示したり,部下の仕事の誤りを正したりというような,上司による,部下への直接的な教育・指導が部下の能力向上に有効に結びついていないということを

明確に示すものであった。一方，職務機会提供と自由裁量付与こそ部下の能力向上に対して有効な，上司による唯一無比のOJTであった。言い換えれば，部下の自ら学ぶ姿勢を尊重し，そのような機会を部下に与える上司の行動がOJTの有効性を高めていたと言えよう。

4．今後の研究への期待

　前節では，職場の上司によるOJTの効果に関する筆者による実証的な研究を詳述してきた。この研究は「それまでブラックボックスとされてきたOJTにおける上司の役割を明らかにした」（中原，2012）という意味で先駆的である。また，筆者の研究結果や筆者が用いたOJT行動に関する質問項目がその後の研究においても引用されている（伊東・平田・松尾・楠見，2006；佐伯・大野・大倉・和泉・宇座・横溝・大柳，2009；関根・舘野・木村・中原，2010；荒木・中原・坂本，2011；関根，2012）。

　我々が組織成員の職遂行能力の向上に及ぼす組織内の教育訓練および職場におけるOJTの影響に着目し，そのプロセスを明らかにしようと，客観的なデータによる実証的な分析を始めたのが1990年である。以来ほぼ25年を経た現時点において，この領域における学際的な研究は大きく飛躍を遂げ，その成果には目を見張る思いである。とりわけ，「現場での学習やOJTは上司のみによって決定されるのではなく，職場における様々なメンバーによる積極的な働きかけによって可能になるという議論も生まれつつある」（中原，2012）という指摘は重要である。したがって，現在では，関根ら（2010）が「OJTを『上位者―下位者』に限定せず，職場メンバーや他部門との関わりを含めた『仕事を通じた教育』と定義」しているように，OJTの有効性をより高めるという観点から，OJTの概念が従来より幅広く捉えられている。あるいは，組織社会化の過程を規定する要因としてOJT行動を実証的に分析するという研究もみられる（関根，2012）。

　今後，このようなより厳密かつ科学的な視座からの，いわば組織人としての広範な能力形成や育成に関する有用な研究が望まれる。

終章　大学と社会とをつなぐ教育

　本書を通じて「キャリア発達」を，大学教育の側面から捉えて論じてきた。
　第1章では，大学教育とキャリア発達について概観し，第2章では，「大学生活における満足感に関する調査」に回答した大学生475名を対象とする質問紙調査データを分析した。その結果，大学生活への満足感は，「友人」「自由」「講義内容」「サポート制度」「学食・購買」の5因子で構成されていることが明らかになった。これらの5因子のうち「講義内容」「サポート制度」「友人」の3因子が学部に関する満足感に影響を及ぼしており，とくに「講義内容」による影響力が強いことが示された。加えて，「自由」「友人」「講義内容」の3因子は大学生であることへの満足感に対して影響を及ぼし，とくに「自由」が強い影響力を与えていた。以上の結果から，大学生の満足感は多面的な側面を持つことが示唆され，対人関係と教育環境の両側面に着目することが重要であることが示唆された。
　第3章では，全学で実施された「愛知淑徳大学学生生活の状況と意識アンケート2005」に回答した愛知淑徳大学在学生5,020名を対象とする質問紙調査を詳細に再分析した。その結果，大学生活の満足度を「授業受講者数」「授業選択自由度」「教育関連サービス」「キャンパス環境」「スポーツ・課外施設」「図書館」「交通手段」「履修関連」「課外活動支援」「学修態勢」「授業内容」「学食・購買」から成る12の側面から考察する必要が明示された。「学生生活全般」と「教育内容全般」では影響される要因や影響力が異なるものの，双方に共通して影響を及ぼしていた因子は「授業内容」「学修態勢」「授業選択自由度」の3因子であった。これらの3因子は，教員の学生指導および授業内容といった「教育・指導体制」に関連するものである。自由記述による回答からも「学生の反応を見ながら授業をして欲しい」「教員とも仲良くしたい」など上記結果を裏付け

る記述がみられた。

　第4章および第5章では，卒業生に対して「大学卒業生のキャリア発達に関する調査」を実施し，調査に回答した988名を分析対象とした。第4章では，大学在学中の教育内容への満足感と卒業後に就いた現在の仕事への取り組みとの関連性について検討した。その結果，卒業生の調査時点での年齢と教育内容への満足感については，20歳代の教育内容への満足感が高かった。他方，調査時の年齢と仕事への取り組み方については，20歳代の平均値が低く，この時期は職業人として自立していくための能力を身につける時期であり，上司の指示に従って就業しているために平均値が低く，自立性が低くなっているのではないかと考えられた。また，役職についている卒業生は，高い責任と権限を伴った組織の重要な仕事をこなすための応用的な能力を必要としていることが明らかになった。

　第5章では，母校の卒業生で「良かったこと」および母校の「伝統」について感じた事柄についての自由記述結果をテキストマイニングの手法を用いて分析した結果を報告した。『良かったこと』は，「コミュニケーション」「教学態勢」「校風」「マインド」「大学理念・実現テーマ」「評判」「学園イメージ」「伝統・歴史」の8クラスターで構成されていた。他方，『伝統』については，「校訓・伝統精神」「教育方針」「大学の方針」「気質」「伝統の中核」「地域性」「評判」の7クラスターで構成されていた。

　少子化により，学齢人口が減少する一方で，日本の大学578校のうち4割超が定員割れをし，学生の確保が困難になってきている（日本私立学校振興・共済事業団，2014）。受験生は，オープンキャンパスへの参加などを通して志望大学のイメージや雰囲気を志望理由の一つとするような時代になってきた。また，本人の意思だけではなく，親や教員などの周囲のすすめ，評判などを考慮しつつ，自身の大学入試の偏差値などを勘案して志望校を絞っているようである。

　我々の一連の研究で調査対象とした愛知淑徳大学においては，1975（昭和50）年の開学以来，教育環境の整備のために様々な取り組みがなされ，カリキュラムの再編，男女共学化，大規模な学部再編を経て，複数学部を擁する総合大学へと拡大した。また，このような変化の中，建学の精神である「十年先，二十年先に役立つ人材の育成」の継承を目指し，これをより具体的，現実的に

達成していくために,「違いを共に生きる」という理念を掲げ,この理念を実現するためのテーマとして「地域に根ざし,世界に開く」「役立つものと変わらないものと」「たくましさとやさしさを」の三つを掲げた。カリキュラムは,二つの柱で編成され,実社会の様々な分野で役立つ実践的な力と,どんな時代にも変わることなく必要とされる普遍的な力の育成を目指している。専門教育と全学共通教育の二つの学びを有機的に組み合わせることにより,すべての学生が,課題発見能力や問題解決能力,コミュニケーション能力などを養いながら,それぞれの目標や進路に即した資格,スキル,語学力などを同時に身につけることができるように構成されている。

　第6章では,職務遂行能力の形成と育成に関し,主として企業内教育における従来の研究に沿って概観した。長引く不景気の影響を受け,企業は効率化を図り,人材教育への投資も削減の対象となっており,十分な訓練をするだけの余力のない企業も多い。従来においても同様であるが,とりわけ近年,中途採用者は即戦力として活躍することが期待されている。一方,OJTによる職務遂行に必要な能力向上を目指した訓練は,企業環境の変容に伴って曲がり角に差し掛かっているとはいえ,依然企業内教育の主要な方法であることは否定できない。また,現在はOJTの在り方も多様化し,上司あるいは先輩・部下という縦のつながりだけではなく,職場全体あるいは同僚同士の横のつながりも注目されるようになってきている（中原・金井,2009）。

　このような社会の変遷を背景に,社会が大学に求める教育および大学卒業者が身につけるべき能力が社会人基礎力をはじめとする諸能力として具体的に示されるようになった。

　序文で述べたように,個人のモチベーションは,動因（欲求）と,動因の対象となる誘因との関係によって左右される。学生は様々な期待,希望を胸に大学へ入学する。我々は,第2章で「自由」「友人」「講義内容」をはじめとする満足要因（動機づけ要因）をいかに充足させるかという視点が重要であることを示した。これらの要因と学生との関係について,学生の状態を種子に,動機づけ」を空気あるいは栄養分のような存在として喩え,大学は,何かを教える場としてよりも,「話し合う場」「何かを共につくる場」として,学生がより能動的,主体的に参加する姿勢が重要であるという視座を,学生の成長プロセス

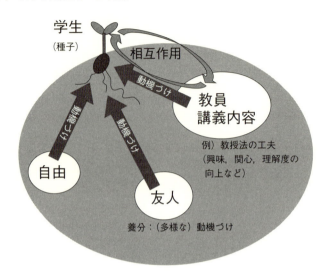

図1　学生の成長プロセスのイメージ

のイメージとして図1に示した。

　この図に込めた意図，すなわち大学教育の方向性については，以下のように考えている。

　大学が社会と個々の学生たちとをつなぐ学習の基礎を築く場となるためには，学生たちが教授された内容のみが正しいと理解するのではなく，教授された内容をきっかけに知識を広げ，知恵を紡ぎ，応用していく力を培うことが重要であり，そのような学習態度が望まれる。このような学習態度を養成するために，教授する側（教員）の教育スキルと教授される側（学生）の動機づけとの相互作用がうまく機能することが必要であるという考えに基づくイメージを図示した。そのため，この養分（動機づけ）をいかに効果的に供給するのか，どのように自発的な学習を促すかなど，内発的に動機づけられるように学生たちを導くことが重要である。

　「大学生は本当に満足しているのだろうか？」という素朴な問いから始まった研究の軌跡である本書が，より質の高い大学教育，あるいは優れた人材を社会に送り出す高等教育機関としての大学教育の在り方を考える一つの材料となれば幸いである。

謝　　辞

　本書の出版は愛知淑徳大学出版助成を受けて実現の運びとなった。また，第2章から第5章までのデータはそれぞれ以下の方々のご協力により得られている。第2章で報告した調査は2003年度に愛知淑徳大学に在学していた学生にご協力いただき実施された。また，第3章は「愛知淑徳大学学生生活の状況と意識アンケート2005」のデータをご厚意によりご提供いただき再分析した。さらに，第4章から第5章のもととなった研究は愛知淑徳大学同窓会のご協力および平成22・23年度愛知淑徳大学共同研究助成を受けて行われた。したがって，本書の執筆は愛知淑徳大学のご協力なしにはなし得なかった。調査にご協力いただいた愛知淑徳大学の在学生，卒業生，同窓会ならびに関係各位に改めて謝意を表する。

2014年11月
著者一同

引用・参考文献

愛知淑徳大学学生生活委員会・愛知淑徳大学学生生活満足度調査専門委員会（2006）愛知淑徳大学「学生生活の状況と意識アンケート2005」報告書

荒木淳子・中原淳・坂本篤郎（2011）仕事に対する態度と職場環境が個人のキャリア確立に与える効果：職場の支援的環境と仕事内容の明示化　日本教育工学会論文誌，34（4），319-329.

ベネッセ教育総合研究所（2002）学生満足度と大学教育の問題点2002年度版

ベネッセ教育総合研究所（2007）学生満足度と大学教育の問題点2007年度版

Bronfenbrenner, U. (1992) Ecological system theory. In R. Vasta (Eds.), *Six theories of child development: Revised formulations and current issues*. London and Philadelphia: Jessica Kingsley Publishers. pp.187-249.

遠藤健治（2007）学生による授業評価の分析（報告1）　青山心理学研究，7，1-15.

French, J. P. R., Rodgers, W., & Cobb, S. (1974) Adjustment as person-environment fit. In G. V. Coelho, D. A. Hamburg, & J. E. Adams (Eds.), *Coping and adaptation*. New York: Basic Books. pp.316-333.

渕上克義（1984a）進学志望の意思決定過程に関する研究　教育心理学研究，32（1），59-63.

渕上克義（1984b）大学進学決定におよぼす要因ならびにその人的影響源に関する研究　教育心理学研究，32（3），65-69.

古市裕一（1993）大学生の大学進学動機と価値意識　キャリアガイダンス研究，14，1-7.

Hall, D. T. (1976) *Careers in organizations*. Glenview, IL: Scot, Foresman.

Herzberg, F. (1966) *Work and the nature of man*. Cleveland: World Publishing.（北野利信（訳）（1968）仕事と人間性：動機づけ―衛生理論からの新展開　東洋経済新報社）

平井さよ子（2009）改訂版看護職のキャリア開発　日本看護協会出版会　p.64.

堀口誠信（2011）平成生まれの日本人大学生は「学校」をどう捉えているか：「学園ドラマ」を「社会人基礎力」の観点から分析する　徳島文理大学研究紀要，81，21-29.

一谷彊（1991）学校生活と充実感Ⅳ　青年にとって学校とは　教育心理学年報，30，12-13.

石本彩・伊藤貴子・桂都・神谷安希子・鈴木幸（1995）大学生の充実感とライフスタイル　愛知淑徳大学「コミュニケーションと人間」，4，35-48.

伊東昌子・平田謙次・松尾睦・楠見孝（2006）有能営業担当者と非有能担当者の初回商談にむけた準備行為と商談行為　人間工学，42（5），305-312.

伊藤美奈子（1995）不本意就学類型化の試みとその特徴についての検討　青年心理学研究，7，30-41.

梶田正巳（1999）学力　中島義明・安藤清志・子安増生・坂野雄二・繁桝算男・立花政夫・箱田裕司（編）心理学辞典　有斐閣　p.115.

梶田正巳（2001）メタ認知と学力　子どもの学力読本―学力の形成基盤と学力向上へのストラテジ―学力とは何か　教職研修総合特集，147，47-50.

角山剛（2011）産業・組織心理学の立場からみたキャリア形成　心理学ワールド，55，5-8.

金子元久（2007）大学の教育力―何を教え，学ぶか　筑摩書房

片倉久美子・土田幸子（1993）本学における学生生活の適応に関する実態調査　岩手女子看護短期大学紀要，1，89-98.

河地和子（2005）自信力が学生を変える―大学生意識調査からの提言―　平凡社

経済産業省（2006a）社会人基礎力に関する緊急調査
〈http://www.meti.go.jp/policy/kisoryoku/2008chosa.pdf〉（2013年11月27日検索）

経済産業省（2006b）社会人基礎力に関する研究会―中間取りまとめ―

経済産業省（2010）大学生の「社会人観」の把握と「社会人基礎力」の認知度向上実証に関する調査：平成22年6月

小嶋秀夫（編）（1993）新・教職教養シリーズ　第6巻　発達と学習　協同出版

蔵原清人（2005）どんな大学評価が大学をのばすのか―大学評価をめぐる状況と課題について―　大学評価学会年報編集委員会（編）「大学評価」を評価する　晃洋書房　pp.43-58.

増田公男（2000）「授業評価」の評価に関する調査（3）　日本心理学会第64回大会発表論集，1100.

益田勉（2011）キャリアの探索と形成―キャリアデザインの心理学―　文教大学出版事業部

松田惺（1993）教育環境と発達・学習　小嶋秀夫（編）新・教職教養シリーズ　第6巻　発達と学習　協同出版　pp.223-241.

松村卓朗・吉村浩一（2008）ファシリテーションをチーム作りに活かす　第1回　日経情報ストラテジー，170-173.

松尾睦（2006）経験からの学習―プロフェッショナルへの成長プロセス　同文館出版

宮木由貴子（2011）女性管理職の社内コミュニケーションの実態―男性管理職・男女一般職との比較から―　Life Designn REPORT，28-39.

宮下一博（2010）大学生のキャリア発達―未来に向かって歩む―　ナカニシヤ出版

溝上慎一（2004）現代大学生論―ユニバーシティ・ブルーの風に揺れる―　NHKブックス

溝上慎一・松下佳代（2014）高校・大学から仕事へのトランジション　ナカニシヤ出版

文部科学省（2011b）高等学校キャリア教育の手引き
〈http://www.mext.go.jp/a_menu/shotou/career/1312816.htm〉（2014年11月28日検索）

文部科学省（1999）初等中等教育と高等教育との接続の改善について　（答申）　第6章　学校教育と職業生活との接続　第1節　学校教育と職業生活の接続の改善のための具体的方策

〈http://www.mext.go.jp/b_menu/shingi/old_chukyo/old_chukyo_index/toushin/attach/1309755.htm〉（2014年11月28日検索）
文部科学省（2002）大学の質の保証に係る新たなシステムの構築について（答申）
〈http://www.mext.go.jp/b_menu/shingi/chukyo/chukyo0/toushin/020801.htm〉（2013年10月17日検索）
文部科学省（2004）キャリア教育の推進に関する総合的調査研究協力者会議報告書—児童生徒の一人一人の勤労観・職業観を育てるために—
文部科学省（2005）平成16年度我が国の高等教育の将来像
〈http://www.mext.go.jp/b_menu/shingi/chukyo/chukyo0/toushin/05013101.htm〉（2013年11月19日検索）
文部科学省（2008a）学士課程教育の構築に向けて（審議のまとめ）
〈http://www.mext.go.jp/component/b_menu/shingi/toushin/__icsFiles/afieldfile/2013/05/13/1212958_001.pdf〉（2015年3月5日検索）
文部科学省（2008b）学士課程教育の構築に向けて（答申）
〈http://www.mext.go.jp/component/b_menu/shingi/toushin/__icsFiles/afieldfile/2008/12/26/1217067_001.pdf〉（2013年11月27日検索）
文部科学省（2008c）平成18年版文部科学白書　第1節　生涯学習の意義と推進体制の整備
〈http://www.mext.go.jp/b_menu/hakusho/html/hpab200601/002/001/003.htm〉（2013年10月17日検索）
文部科学省（2010）今後の学校におけるキャリア教育・職業教育の在り方について（第二次審議経過報告）のポイントと概要
〈http://www.mext.go.jp/b_menu/shingi/chukyo/chukyo10/sonota/1293955.htm〉（2014年11月28日検索）
文部科学省（2011a）キャリア発達にかかわる諸能力の育成に関する調査研究報告書
〈http://www.nier.go.jp/shido/centerhp/22career_shiryou/pdf/career_hattatsu_all.pdf〉（2013年11月27日検索）
文部科学省（2011c）平成23年度学校基本調査の速報について（報道発表資料）
〈http://www.mext.go.jp/component/b_menu/other/__icsFiles/afieldfile/2011/08/11/1309705_1_1.pdf〉（2012年1月7日検索）
文部科学省（2012a）平成24年度学校基本調査
〈http://www.mext.go.jp/component/b_menu/other/_icsFiles/afieldfile/2012/12/21/1329238_1_1.pdf〉（2013年11月27日検索）
文部科学省（2012b）平成24年度学校基本調査（確定値）の公表について
〈http://www.mext.go.jp/component/b_menu/other/_icsFiles/afieldfile/2012/12/21/1329238_1_1.pdf〉（2013年8月5日検索）
文部科学省（2014a）平成26年度学校基本調査年次統計進学率（昭和23年〜）
〈http://www.e-stat.go.jp/SG1/estat/List.do?bid=000001015843〉（2015年2月17日検索）
文部科学省（2014b）学校基本調査年次統計大学の学校数，在籍者数，教職員数（昭和23

年〜)
〈http://www.e-stat.go.jp/SG1/estat/List.do?bid=000001015843〉（2015年2月17日検索）
文部科学省中央教育審議会大学分科会制度・教育部会（2008）学士課程教育の構築に向けて（審議のまとめ）
〈http://www.mext.go.jp/b_menu/shingi/chukyo/chukyo4/houkoku/080410.htm.〉（2010年11月30日検索）
文部科学省国立教育政策研究所生徒指導・進路指導研究センター（2014）キャリア発達にかかわる諸能力の育成に関する調査研究報告書——もう一歩先へ，キャリア教育を極める— 実業之日本社
文部省（1998）21世紀の大学像と今後の改革方策について—競争的環境の中で個性が輝く大学—
〈http://www.mext.go.jp/b_menu/shingi/old_chukyo/old_daigaku_index/toushin/1315917.htm〉（2013年11月14日検索）
文部省大学審議会（1991）大学設置基準等の大綱化と自己評価
〈http://www.mext.go.jp/b_menu/hakusho/html/hpad199101/hpad199101_2_150.html〉（2010年11月30日検索）．
森山廣美（2007）大学におけるキャリア教育—その必要性と効果測定の視座から— 四天王寺国際仏教大学紀要，44，309-319．
中原淳（2010）職場学習理論—仕事の学びを科学する— 東京大学出版会
中原淳（2012）経営学習論—人材育成を科学する— 東京大学出版会
中原淳・金井壽宏（2009）リフレクティブ・マネジャー：一流はつねに内省する 光文社
中原淳・溝上慎一（2014）活躍する組織人の探求－大学から企業へのトランジション— 東京大学出版会
Nevill, D. D. & Super, D. E. (1986) *The values scale manual: Theory, application, and research.* Palo Alto, CA: Consulting Psychologists Press.
日本私立学校振興・共済事業団（2014）平成26（2014）年度 私立大学・短期大学等入学志願動向
〈http://www.shigaku.go.jp/files/shigandoukou26.pdf〉（2015年2月16日検索）
西道実（2011）社会人基礎力の測定に関する尺度構成の試み プール学院大学紀要，51，217-227．
大塚雄作（2004）学習コミュニティ形成に向けての授業評価の課題 溝上慎一・藤田哲也（編） 心理学者，大学教育への挑戦 ナカニシヤ出版 pp.1-37．
Rode, J. C., Arthaud-day, M. L., Mooney, C. H., Near, J. P., Baldwin, T. T., Bommer, W. H., & Rubin, R. S. (2005) Life satisfaction and student performance. *Academy of Management Learning & Education,* 4 (4), 421-433.
龍慶昭・佐々木亮（2005）大学の戦略的マネジメント —経営戦略の導入とアメリカの大学の事例 多賀出版
佐伯和子・大野昌美・大倉美佳・和泉比佐子・宇座美代子・横溝輝美・大柳俊夫（2009）地域保健分野における保健師育成のOJTに対する指導者の意識と組織体制：新任者教

育の実践を通して　日本公衆衛生雑誌，56（4），242-250．
榊原國城（2005）職務遂行能力自己評価自に与えるOJTの効果—地方自治体職員を対象として—　産業・組織心理学研究，18（1），23-31．
榊原國城・安田恭子・若杉里実（2012）大学卒業生の教育内容満足感とキャリア発達　愛知淑徳大学論集—交流文化学部篇—，2，89-97．
榊原國城・若林満（1990）地方自治体職員の管理能力　経営行動科学研究，5（1），17-25．
榊原國城・若林満（1991）教育訓練が地方自治体職員の管理的能力の自己評価に与える影響　経営行動科学，6（2），93-105．
Schein, E. H. (1965) *Organizational psychology.* Prentice-Hall.（松井賚夫（訳）（1966）組織心理学　岩波書店）
Schein, E. H. (1978) *Career dynamics: Matching individual and organizational needs (Addision-Wesley Series on Organization Development).* Addison-Wesley.（二村敏子・三善勝代（訳）（1991）キャリアダイナミクス　白桃書房）
Scott, J. & Hatalla, J. (1990) The influence of chance and contingency factors on career patterns of college-educated woman. *Career Development Quarterly,* 39, 18-30.
関根雅泰（2012）新卒社員の組織社会化を促すOJT指導員と職場メンバーの支援行動に関する実証研究　人材育成学会第10回大会論文集，69-74．
関根雅泰・舘野泰一・木村充・中原淳（2010）「OJT行動」に関する尺度作成の試み　人材育成学会第8回大会論文集，111-116．
新村出（2008）広辞苑第6版　岩波書店
総務省行政管理局（2001）法令データ提供システム（e-Gov）
　〈http://law.e-gov.go.jp/htmldata/S22/S22HO026.html〉（2014年9月12日）
総務省統計局政府統計総合窓口（e-Stat）（2008）
　〈http://www.e-stat.go.jp/SG1/estat/List.do?bid=000001015843〉（2014年9月12日検索）
杉山佳菜子・二宮克美（2013）大学生の入学時の意識：2008年度入学生調査から5年間の継続調査にみる変化　日本教育心理学会総会発表論文集，55，248．
Super, D. E. (1990) A life-span, life-space approach to career development. In D. Brown & associates (Eds.), *Career choice and development.* San Fransisco: Jossey Bass.
Super, D. E. & Bohn, M. (1971) *Occupational psychology.* Wadsworth Publishing.（榊原國城（訳）（1973）職業とキャリア　藤本喜八・大沢武志（訳）企業の行動科学6—職業の心理—　ダイヤモンド社　p.182）
Super, D. E., Savickas, M. L., & Super, C. M. (1996) The life-span, life-space approach to careers. In D. Brown, L. Brooks, & Associates(Eds.), *Career choice and development.* 3rd ed. San Francisco: Jossey-Bass. pp.121-178.
寿山泰二（2007）キャリア教育と職業能力　京都創成大学紀要，7，41-68．
鈴木素子・寺嵜正治・金光義弘（1998）青年期における友人関係期待と現実の友人関係に関する研究　川崎医療福祉学会誌，8（1），55-64．
高倉実・新屋信雄・平良一彦（1995）大学生のQuality of Lifeと精神的健康について—生

活満足度尺度の試作— 学校保健研究，37，414-422．
武田圭太（2000）有能感が推進するキャリア発達 外島裕・田中堅一郎（編）産業・組織心理学エッセンシャルズ ナカニシヤ出版 pp.215-238．
武内清（2003）キャンパスライフの今 玉川大学出版部
田中堅一郎（編）（2011）産業・組織心理学エッセンシャルズ 改訂三版 ナカニシヤ出版
田中毎実（2011） 日本のFDの現在—なぜ，相互研修型FDなのか？ 京都大学高等教育研究開発推進センター（編）・松下佳代（編集代表）大学教育のネットワークを創る—FDの明日へ— 東信堂 pp.4-21．
田中美由紀（2002） 満足感 小杉正太郎（編）ストレス心理学 川島書店 pp.85-96．
土持ゲーリー法一（2007）ティーチング・ポートフォリオ—授業改善の秘訣 東信堂
上田礼子 2005 生涯人間発達学 改訂第2版 三輪書店
梅本伸章（1992）大学新入生の適応について—自己の大学生活に対するイメージと友人関係との関連— 盛岡大学紀要，11，27-38．
浦上昌則（2010）キャリア教育へのセカンド・オピニオン 北大路書房
若林満（1988）組織内キャリア発達とその環境 若林満・松原敏浩（編）組織心理学 福村出版 pp.230-234．
渡辺三枝子（編）（2007）新版キャリアの心理学—キャリア支援への発達的アプローチ ナカニシヤ出版
山口勝巳・谷口汎邦・高野文雄（1992）国立大学におけるキャンパス計画ならびに施設・環境に関する問題の構造化 日本建築学会計画系論文報告集，439，45-53．
柳井晴夫・清水留三郎・前川眞一・鈴木規夫（1989）進路指導と大学情報に関する調査結果の分析 大学入試センター研究紀要，18，1-71．
安田恭子・若杉里実・榊原國城（2007）大学生の満足感と教育環境要因 コミュニティ心理学研究，10（2），175-185．
安田恭子・若杉里実・榊原國城（2009）大学生活への満足度に及ぼす教育・指導体制の影響 愛知淑徳大学現代社会研究科研究報告，17-26．
吉本圭一（2007）卒業生を通した"教育の成果"の点検・評価方法の研究 大学評価・学位研究，5，77-107．
吉岡和子（2001）友人関係の理想と現実のズレ及び自己受容から捉えた友人関係の満足感 青年心理学研究，13，13-30．

初出一覧

　各章の主な内容は，下記初出論文あるいは刊行物に適宜加筆修正を加えて記述したものである。

序　章　書き下ろし

第1章　書き下ろし

第2章　安田恭子・若杉里実・榊原國城（2007）大学生の満足感と教育環境要因　コミュニティ心理学研究，10（2），175-185．

第3章　安田恭子・若杉里実・榊原國城（2009）大学生活への満足度に及ぼす教育・指導体制の影響　愛知淑徳大学現代社会研究科研究報告，4，17-26．

第4章　榊原國城・安田恭子・若杉里実（2012）大学卒業生の教育内容満足感とキャリア発達　愛知淑徳大学論集—交流文化学部篇—，2，89-97．

第5章　安田恭子・若杉里実・榊原國城（2012）大学卒業生の母校へのイメージ調査：テキストマイニングと数量化分析を用いて　愛知淑徳大学—人間情報学部篇—，2，33-41．

第6章　榊原國城・若林満（1990）地方自治体職員の管理能力　経営行動科学研究，5（1），17-25．
　　　　榊原國城・若林満（1991）教育訓練が地方自治体職員の管理的能力の

自己評価に与える影響　経営行動科学, 6（2）, 93-105.

榊原國城（2005）職務遂行能力自己評価自に与えるOJTの効果—地方自治体職員を対象として—　産業・組織心理学研究, 18（1）, 23-31.

榊原國城（1988）能力アセスメントと能力開発　若林満・松原敏浩（編）組織心理学　福村出版　pp.105-130.

榊原國城（1999）人と組織の心理学　文教資材協会

終　章　書き下ろし

事項索引

あ
因子分析　66

か
学生のニーズ　23
学生満足感　14
学部満足感　14, 21
技能（skill）　62
キャリア　6
　　──教育　8
　　──発達　6
教育環境　12
教育訓練　69
教育効果の質保証　46
教育・指導体制　34
教育の成果　35
教授法　82
研修　70
個人‐環境適合モデル（P-E fit model）
　　13

さ
私学教育　58
自己認知　69
自己評価　35
自発的な学習　82
社会人基礎力　45
職場　61
　　──外訓練（Off JT）　74
　　──内訓練（OJT）　74
職務遂行能力　61, 62

進路選択　11
生態学的環境　12
全体的満足感　14, 21
相互作用　82
組織　61
　　──力　67

た
大学進学動機　2
大学卒業生に期待する能力　47
第三者評価　35
対人関係　12, 20
伝統　48, 57, 58
動機づけ　79

な
能力　62
　管理──　63, 66
　企画・立案──　67
　強化──　69
　現有──　69
　統制──　67
　統率──　67
　──開発　69

は
母校　48, 57

ら
ライフ・キャリア・レインボー　7
リーダーシップ　67, 69

人名索引

A
荒木淳子　76

B
Bronfenbrenner, U.　12

C
Cobb, S.　13, 20

E
Erikson, E. H.　6

F
French, J. P. R.　13, 20
渕上克義　14, 21
古市裕一　2

H
Hall, D. T.　6
Hatalla, J.　45
Herzberg, F.　22
平井さよ子　44
平田謙次　77
堀口誠信　2

I
石本彩　13
伊東昌子　77
伊藤美奈子　11
伊藤貴子　13
和泉比佐子　77

K
角山剛　46, 58

梶田正巳　62
神谷安希子　13
金井壽宏　81
金子元久　5
金光義弘　12
片倉久美子　13
桂都　13
河地和子　33
木村充　77
蔵原清人　35
楠見孝　77

M
前川愼一　2
益田勉　6, 7
松田惺　12
松尾睦　77
宮下一博　6
溝上慎一　33, 43
森山廣美　35

N
中原淳　77, 81
Nevill, D. D.　7
二宮克美　2

O
大倉美佳　77
大野昌美　77
大柳俊夫　77

R
Rode, J. C.　21
Rodgers, W.　13, 20

S

佐伯和子	76
榊原國城	11, 32, 36, 43, 48, 62, 69
坂本篤郎	77
Savickas, M. L.	58
Schein, E. H.	44, 45, 61
Scott, J.	45
関根雅泰	76
清水留三郎	2
新屋信雄	13, 20
杉山佳菜子	2
Super, C. M.	58
Super, D. E.	6, 7, 46, 58
鈴木素子	12, 21
鈴木規夫	2
鈴木幸	13

T

平良一彦	13, 20
高倉実	13, 20
武田圭太	74
武内清	33
田中毎実	47
舘野泰一	77
寺嵜正治	12
土田幸子	13

U

上田礼子	12
梅本伸章	12, 21
浦上昌則	45
宇座美代子	77

W

若杉里美	11, 32, 36, 43, 48
若林満	69
渡辺三枝子	6

Y

柳井春夫	2
安田恭子	11, 32, 36, 43, 48
横溝輝美	77
吉本圭一	35, 48
吉岡和子	13, 21

【著者紹介】

榊原國城(さかきばら　くにき)
愛知淑徳大学交流文化学部教授
博士(心理学, 名古屋大学)
主著:『地方自治体職員の職務遂行能力形成過程』(風間書房, 2004)
　　　『人と組織の心理学』(文教資料協会, 1999)

安田恭子(やすだ　やすこ)
理学・作業名古屋専門学校教務課専任教員
主著:『心理生理学―こころと脳の心理科学ハンドブック』(分担翻訳, 北大路書房, 2012)
　　　『心理学へのファーストステップ』(分担執筆, おうふう, 2008)

若杉里実(わかすぎ　さとみ)
愛知医科大学看護学部准教授
博士(看護学, 長野県看護大学)
主著:『第3版データ更新版　公衆衛生看護学.jp』(分担執筆, インターメディカル, 2011)

教育環境に対する大学生の満足感
私立大学のキャリア教育を考える

2015年3月30日　初版第1刷発行　(定価はカヴァーに表示してあります)

著　者　榊原　國城
　　　　安田　恭子
　　　　若杉　里実
発行者　中西　健夫
発行所　株式会社ナカニシヤ出版
〒606-8161　京都市左京区一乗寺木ノ本町15番地
　　　　　　Telephone　075-723-0111
　　　　　　Facsimile　075-723-0095
　　Website　http://www.nakanishiya.co.jp/
　　Email　iihon-ippai@nakanishiya.co.jp
　　　　　　郵便振替　01030-0-13128

装幀=白沢　正／印刷・製本=西濃印刷㈱
Printed in Japan.
Copyright © 2015 by K. Sakakibara, Y. Yasuda, & S. Wakasugi
ISBN978-4-7795-0949-0

本書のコピー, スキャン, デジタル化等の無断複製は著作権法上での例外を除き禁じられています。本書を代行業者等の第三者に依頼してスキャンやデジタル化することはたとえ個人や家庭内の利用であっても著作権法上認められておりません。